解答は，すべて解答用紙に記入して必ず提出してください。

第1回簿記能力検定試験模擬問題
問題用紙

3級　商業簿記

JN132202

問題用紙（計算用紙含）は回収します。持ち帰り厳禁です。

注　　意

- 試験開始の合図があるまで，問題用紙は開かないでください。
- この試験の制限時間は1時間30分です。
- 解答は，問題の指示にしたがい，すべて解答用紙の指定の位置に記入してください。
- 解答用紙の会場コードは，試験担当者が指示した6桁の数字を頭の0(ゼロ)を含めてすべて書いてください。

  受験番号は右寄せで書いてください。左の空白欄への0(ゼロ)記入は不要です。

  受験番号1番の場合，右寄せで1とだけ書いてください。

  受験番号90001番の場合，右寄せで90001とだけ書いてください。

  受験番号を記入していない場合や，氏名を記入した場合には，採点の対象とならない場合があります。
- 印刷の汚れや乱丁，筆記用具の不具合などで必要のある場合は，手をあげて試験担当者に合図をしてください。
- 下敷きは，机の不良などで特に許されたもの以外は使用してはいけません。
- 計算用具(そろばん・計算機能のみの電卓など)を使用してもかまいません。
- 解答用紙は，持ち帰りできませんので白紙の場合でも必ず提出してください。

  解答用紙を持ち帰った場合は失格となり，以後の受験をお断りする場合があります。
- **簿記上本来赤で記入する箇所も黒で記入すること。**
- **金額には3位ごとのカンマ「，」を記入すること。**

  ただし，位取りのけい線のある解答用紙にはカンマを記入しないこと。

  また，カンマは数字の下側に左向き，小数点は数字の下側に右向きで記入し，明確に区別できるようにすること。

全3ページ ①

第1回簿記能力検定試験模擬問題
3級　商業簿記

解答は解答用紙に

第1問　次の取引を仕訳しなさい。ただし，勘定科目は，次の中から最も適切と思われるものを選ぶこと。なお，とくに指示がない限り，消費税の会計処理は考慮しなくてよい。（28点）

現　　　金	当 座 預 金	受 取 手 形	売 掛 金
前 払 金	貸 付 金	仮 払 金	仮 払 消 費 税
備　　　品	支 払 手 形	買 掛 金	借 入 金
前 受 金	未 払 金	所得税預り金	仮 受 金
仮 受 消 費 税	資 本 金	売　　　上	受 取 手 数 料
受 取 利 息	仕　　　入	給 料	旅　　　費
交 際 費	広 告 費	支 払 利 息	貸 倒 損 失

1．株式会社設立に際し，株式を発行し，発行総額 ¥8,000,000 が当座預金口座に払い込まれた。

2．福岡商店からA商品 ¥176,000（うち消費税額 ¥16,000）を仕入れ，その代金は消費税を含めて掛けとした。なお，消費税を税抜方式で処理する。

3．福島商店に商品（帳簿価額 ¥250,000）を ¥290,000 で売り渡し，その代金のうち ¥100,000 は現金で受け取り，残額は掛けとした。

4．当期に生じた北海道商店に対する売掛金 ¥140,000 が，回収不能となったので，その処理を行う。

5．従業員への給料 ¥240,000 の支払いに際して，源泉所得税 ¥32,000 を差し引いて，残額を現金で支払った。

6．従業員の出張に際して，必要な費用の概算額として現金 ¥70,000 を渡した。

7．株式会社東京商会から，ガラスショーケース ¥350,000 を購入し，その代金は翌月末に支払うこととした。

第2問　次の①の場合の（ア）と（イ），②の場合の（ウ）と（エ）に当てはまる金額を計算しなさい。なお，①については，損益取引以外の取引により生じた純資産の変動はないものとする。（16点）

（単位：円）

	期首資産	期首負債	期末純資産	総収益	総費用	当期純利益
①	（ア）	12,740,000	27,330,000	13,200,000	11,090,000	（イ）

	期首商品棚卸高	純仕入高	期末商品棚卸高	売上原価	純売上高	売上総利益
②	880,000	10,547,000	920,000	（ウ）	14,260,000	（エ）

第3問　次の各種伝票の記入を解答用紙の各勘定口座（Tフォーム）の空欄に転記しなさい。なお，口座の（　　）には相手勘定，[　　]には金額を記入すること。（12点）

振　替　伝　票			No. 17		承認印	西	主帳印		係印	東
令和　○年　1月　8日										

金　　　　額	借方科目	摘　　　　要	貸方科目	金　　　　額
5 5 0 0 0 0	仕　　　入	和歌山商事株式会社より仕入れ	買　掛　金	6 0 5 0 0 0
5 5 0 0 0	仮払消費税			
¥ 6 0 5 0 0 0		合　　　　計		¥ 6 0 5 0 0 0

入　金　伝　票		No. 22	承認印	西	主帳印	会計印	南	係印	東
令和　○年1月16日									

科目	前　受　金	入金先	奈良商事株式会社　　　　殿

摘　　　　要	金　　　額
商品注文に伴う内金の受け取り	7 0 0 0 0
合　　　計	¥ 7 0 0 0 0

出　金　伝　票		No. 25	承認印	西	主帳印	会計印	南	係印	東
令和　○年1月23日									

科目	買　掛　金	支払先	和歌山商事株式会社　　　　殿

摘　　　　要	金　　　額
掛け仕入代金（税込¥605,000）の支払い	6 0 5 0 0 0
合　　　計	¥ 6 0 5 0 0 0

3

第4問　次の取引を小口現金出納帳に記入して締め切りなさい。なお，小口現金係は，定額資金前渡制（インプレスト・システム）により毎週金曜日の終業時にその週の支払いを報告し，資金の補給を受けている。（12点）

12月15日（月）　接待用お茶代　　¥3,210
　　16日（火）　ボールペン代　　¥1,440
　　17日（水）　携帯電話通話料　¥8,560
　　18日（木）　コピー用紙代　　¥1,530
　　18日（木）　バスの回数券代　¥2,400

第5問　決算にあたって修正すべき次の事項（決算整理事項）にもとづいて，敦賀商事株式会社（会計期間は令和〇年1月1日〜令和〇年12月31日）の精算表を完成しなさい。（32点）

決算整理事項
1．期末商品棚卸高　　¥400,000
2．貸倒引当金　　　　売掛金の期末有高に1.0％の貸倒れを見積もる。差額補充法により処理する。
3．備品：減価償却　　備品は，当期首に，¥1,000,000で購入し，直ちに使用した。
　　　　　　　　　　　耐用年数8年，残存価額はゼロ円と見積もられ，定額法により減価償却を行う。なお，直接法により記帳している。
4．現金過不足の残高は，原因不明につき，雑損として処理する。
5．保険料の前払高　　¥60,000
6．給料の未払高　　　¥40,000

※氏名は記入しないこと。

会場コード

受験番号

第1回簿記能力検定試験模擬問題
3級 商業簿記
解答用紙

制限時間
【1時間30分】

第1問採点

第1問 （28点）

	借　　方		貸　　方	
	勘　定　科　目	金　　額	勘　定　科　目	金　　額
1				
2				
3				
4				
5				
6				
7				

第2問採点

第2問 （16点）

（ア）	期　首　資　産	¥
（イ）	当　期　純　利　益	¥
（ウ）	売　上　原　価	¥
（エ）	売　上　総　利　益	¥

第3問採点

第3問 （12点）

〈　〉の番号は伝票のNo.を示す。

現　　　　　金

1/16 （　　　　　）〈 22 〉 ［　　　　　　］	1/23 （　　　　　）〈 25 〉 ［　　　　　　　　］

仮　払　消　費　税

1/8 （　　　　　）〈 17 〉 ［　　　　　］	

買　　掛　　金

1/23 （　　　　　）〈 25 〉 ［　　　　　］	1/8 （　　　　　）〈 17 〉 ［　　　　　　　］

前　　受　　金

	1/16 （　　　　　）〈 22 〉 ［　　　　　　　］

仕　　　　　入

1/8 （　　　　　）〈 17 〉 ［　　　　　］	

第4問 （12点）

小　口　現　金　出　納　帳

受　　入	令○	和年	摘　　要	支　払	内　　訳				残　高
					通 信 費	交 通 費	消耗品費	雑　　費	
30,000	12	15	前 週 繰 越						30,000
			合　　計						
		19	本 日 補 給						
		〃	**次 週 繰 越**						
	12	22	前 週 繰 越						

第5問（32点）

精　算　表

勘定科目	残高試算表 借方	残高試算表 貸方	修正記入 借方	修正記入 貸方	損益計算書 借方	損益計算書 貸方	貸借対照表 借方	貸借対照表 貸方
現　　　金	3,540,000							
現金過不足	2,000							
当座預金	1,560,000							
売　掛　金	340,000							
貸倒引当金		1,700						
有価証券	1,200,000							
繰越商品	290,000							
貸　付　金	150,000							
備　　　品	1,000,000							
買　掛　金		620,000						
未　払　金		87,000						
借　入　金		390,000						
資　本　金		5,000,000						
繰越利益剰余金		990,000						
売　　　上		5,834,000						
受取利息		5,300						
仕　　　入	3,160,000							
給　　　料	870,000							
広　告　費	87,000							
交　通　費	91,000							
通　信　費	62,000							
消耗品費	8,000							
保　険　料	488,000							
水道光熱費	76,000							
支払利息	4,000							
	12,928,000	12,928,000						
貸倒引当金繰入								
減価償却費								
雑　　　損								
前払保険料								
未払給料								
当期純利益								

8

解答は，すべて解答用紙に記入して必ず提出してください。

第2回簿記能力検定試験模擬問題
問題用紙

3級　商業簿記

問題用紙(計算用紙含)は回収します。持ち帰り厳禁です。

注　　意

- 試験開始の合図があるまで，問題用紙は開かないでください。
- この試験の制限時間は1時間30分です。
- 解答は，問題の指示にしたがい，すべて解答用紙の指定の位置に記入してください。
- 解答用紙の会場コードは，試験担当者が指示した6桁の数字を頭の0(ゼロ)を含めてすべて書いてください。

  受験番号は右寄せで書いてください。左の空白欄への0(ゼロ)記入は不要です。

  受験番号1番の場合，右寄せで1とだけ書いてください。

  受験番号90001番の場合，右寄せで90001とだけ書いてください。

  受験番号を記入していない場合や，氏名を記入した場合には，採点の対象とならない場合があります。
- 印刷の汚れや乱丁，筆記用具の不具合などで必要のある場合は，手をあげて試験担当者に合図をしてください。
- 下敷きは，机の不良などで特に許されたもの以外は使用してはいけません。
- 計算用具(そろばん・計算機能のみの電卓など)を使用してもかまいません。
- 解答用紙は，持ち帰りできませんので白紙の場合でも必ず提出してください。

  解答用紙を持ち帰った場合は失格となり，以後の受験をお断りする場合があります。
- **簿記上本来赤で記入する箇所も黒で記入すること。**
- **金額には3位ごとのカンマ「,」を記入すること。**

  ただし，位取りのけい線のある解答用紙にはカンマを記入しないこと。

  また，カンマは数字の下側に左向き，小数点は数字の下側に右向きで記入し，明確に区別できるようにすること。

全3ページ ①
第2回簿記能力検定試験模擬問題
3級　商業簿記

解答は解答用紙に

第1問 次の取引を仕訳しなさい。ただし，勘定科目は，次の中から最も適切と思われるものを選ぶこと。なお，とくに指示がない限り，消費税の会計処理は考慮しなくてよい。（28点）

現　　　　金	当 座 預 金	普 通 預 金	受 取 手 形
売 　掛 　金	有 価 証 券	商　　　　品	前 　払 　金
仮 　払 　金	仮 払 消 費 税	支 払 手 形	買 　掛 　金
前 　受 　金	未 　払 　金	所 得 税 預 り 金	仮 　受 　金
仮 受 消 費 税	資 　本 　金	売　　　　上	受 取 利 息
有価証券売却益	雑 　　　　益	仕　　　　入	売 上 原 価
給 　　　料	支 払 利 息	有価証券売却損	貸 倒 損 失

1．株式会社設立に際し，株式4,000株を@¥700で発行し，全額が普通預金口座に払い込まれた。

2．越後商事株式会社にA商品190個（原価@¥860，売価@¥1,200）を販売し，代金のうち¥128,000は越後商事株式会社振出しの小切手で受け取り，残額は掛けとした。ただし，当社は商品売買に関して，販売のつど売上原価勘定に振り替える方法で記帳している。

3．株式会社信州商事の株式を¥410,000で購入し，その代金は普通預金口座から支払った。

4．当期に生じた金沢商事株式会社に対する売掛金¥302,000が回収不能となった。

5．B商品（1個当たり¥2,000）の販売に先立ち，得意先伊豆商会より100個の予約注文を受け，商品代金全額を予約金として現金で受け取った。

6．従業員への給料¥250,000を支払うに際して，所得税の源泉徴収額¥20,000を差し引き，当座預金口座から口座振込で支払った。

7．従業員の出張に際して，必要な費用の概算額として現金¥56,000を渡した。

第2問 次の資料によって，期首純資産（期首資本）・当期純利益・期末純資産（期末資本）・期末負債の各金額を求めなさい。なお，当期中に損益取引以外の取引により生じた純資産の変動はなかった。（16点）

期 首 貸 借 対 照 表

資　　　産	15,000,000	負　　　債	9,000,000
		純資産（資本）	（　　ア　　）
	15,000,000		15,000,000

損 益 計 算 書

費　　　用	16,400,000	収　　　益	19,600,000
当 期 純 利 益	（　　イ　　）		
	19,600,000		19,600,000

期 末 貸 借 対 照 表

資　　　産	19,000,000	負　　　債	（　　エ　　）
		純資産（資本）	（　　ウ　　）
	19,000,000		19,000,000

第3問　次の各種伝票の記入を解答用紙の各勘定口座（Tフォーム）の空欄に転記しなさい。なお，口座の（　　）には相手勘定，［　　］には金額を記入すること。（12点）

入 金 伝 票	No. 30		承認印 ㊝	主帳印		会計印 ㊞	係印 ㊱

令和 ○ 年 11 月 10 日

科目	売 掛 金	入金先	横浜商店		殿

摘　　　　要	金　　　額
売掛金の回収	2 4 0 0 0 0
合　　　計	¥ 2 4 0 0 0 0

出 金 伝 票	No. 15		承認印 ㊝	主帳印		会計印 ㊞	係印 ㊱

令和 ○ 年 11 月 13 日

科目	仕 　入	支払先	博多商店		殿

摘　　　　要	金　　　額
商品の仕入代金の支払い	3 7 0 0 0 0
合　　　計	¥ 3 7 0 0 0 0

振 替 伝 票	No. 45		承認印 ㊝	主帳印	係印 ㊱

令和 ○ 年 11 月 18 日

金　　　額	借方科目	摘　　　　要	貸方科目	金　　　額
5 0 0 0 0 0	買 掛 金	約束手形の振り出し	支払手形	5 0 0 0 0 0
¥ 5 0 0 0 0 0		合　　　計		¥ 5 0 0 0 0 0

第 4 問　C 商品の仕入と払出についての記録にもとづいて，商品有高帳に記入しなさい。商品の払出単価の決定は，先入先出法によっている。なお，商品有高帳は月末に締め切ること。(12 点)

【C 商品の仕入と払出の記録】

7 月 1 日　(月初)前月繰越：C 商品　@¥380, 100 個

　　　9 日　島根商店から C 商品を@¥400 で 250 個仕入れ，代金は掛けとした。

　　　14 日　山口商店に C 商品を@¥800 で 150 個売り渡し，代金は掛けとした。

　　　19 日　福岡商店から C 商品を@¥410 で 100 個仕入れ，代金は掛けとした。

　　　28 日　神奈川商店に C 商品を@¥900 で 220 個売り渡し，代金は掛けとした。

第 5 問　決算にあたって修正すべき次の事項 (決算整理事項) にもとづいて，延岡商事株式会社 (会計期間は令和○年 1 月 1 日〜令和○年 12 月 31 日) の精算表を完成しなさい。(32 点)

決算整理事項

　　1．期末商品棚卸高　¥370,000

　　2．貸倒引当金　　　売掛金残高の 2.0 ％の貸し倒れを見積もる。差額補充法により処理すること。

　　3．備品：減価償却　備品は，当期首に，¥1,400,000 で購入し，直ちに使用に供したものである。

　　　　　　　　　　　減価償却方法は定額法により，その記帳方法は直接法によっている。

　　　　　　　　　　　耐用年数は 5 年，残存価額はゼロと見積もられている。

　　4．現金過不足の残高は，原因不明につき，雑損として処理する。

　　5．家賃の前払高　¥30,000

　　6．広告費の未払高　¥70,000

※氏名は記入しないこと。

会場コード
受験番号

第2回簿記能力検定試験模擬問題
3級 商業簿記
【解答用紙】

得 点

点

制限時間
【1時間30分】

第1問採点

第1問 （28点）

	借　　方		貸　　方	
	勘 定 科 目	金　　額	勘 定 科 目	金　　額
1				
2				
3				
4				
5				
6				
7				

第2問採点

第2問 （16点）

（ア）¥	（イ）¥	（ウ）¥	（エ）¥

第3問採点

第3問　（12点）

〈　〉の番号は伝票のNo.を示す。

現　　　金

| 11/10 （　　　　　）〈 30 〉 ［　　　　　　］ | 11/13 （　　　　　）〈 15 〉 ［　　　　　　］ |

売　　掛　　金

| | 11/10 （　　　　　）〈 30 〉 ［　　　　　　］ |

支　払　手　形

| | 11/18 （　　　　　）〈 45 〉 ［　　　　　　］ |

買　　掛　　金

| 11/18 （　　　　　）〈 45 〉 ［　　　　　　］ | |

仕　　　　　入

| 11/13 （　　　　　）〈 15 〉 ［　　　　　　］ | |

第4問採点

第4問　（12点）

商　品　有　高　帳
C　商　品

令○	和年	摘　　　要	受　　入			払　　出			残　　高		
			数量	単価	金　額	数量	単価	金　額	数量	単価	金　額
7	1	前 月 繰 越	100	380	38,000				100	380	38,000
	9	島 根 商 店									
	31	払 出 合 計									
	〃	**次 月 繰 越**									
8	1	前 月 繰 越									

第5問　（32点）

精　算　表

勘定科目	残高試算表 借方	残高試算表 貸方	修正記入 借方	修正記入 貸方	損益計算書 借方	損益計算書 貸方	貸借対照表 借方	貸借対照表 貸方
現　　　金	2,440,000							
現金過不足	5,000							
当 座 預 金	960,000							
売　掛　金	560,000							
貸倒引当金		2,200						
有 価 証 券	1,390,000							
繰 越 商 品	310,000							
貸　付　金	200,000							
備　　　品	1,400,000							
買　掛　金		780,000						
未　払　金		42,000						
借　入　金		800,000						
資　本　金		4,000,000						
繰越利益剰余金		1,300,000						
売　　　上		3,703,000						
受 取 利 息		4,800						
仕　　　入	1,970,000							
給　　　料	710,000							
広　告　費	96,000							
交　通　費	53,000							
通　信　費	111,000							
消 耗 品 費	4,000							
支 払 家 賃	338,000							
水道光熱費	78,000							
支 払 利 息	7,000							
	10,632,000	10,632,000						
貸倒引当金繰入								
減価償却費								
雑　　　損								
前 払 家 賃								
未払広告費								
当期純利益								

第 2 回　3 級

解答は，すべて解答用紙に記入して必ず提出してください。

第3回簿記能力検定試験模擬問題
問題用紙

3級　商業簿記

問題用紙（計算用紙含）は回収します。持ち帰り厳禁です。

注　　意

- 試験開始の合図があるまで，問題用紙は開かないでください。
- この試験の制限時間は1時間30分です。
- 解答は，問題の指示にしたがい，すべて解答用紙の指定の位置に記入してください。
- 解答用紙の会場コードは，試験担当者が指示した6桁の数字を頭の0(ゼロ)を含めてすべて書いてください。

  受験番号は右寄せで書いてください。左の空白欄への0(ゼロ)記入は不要です。

  受験番号1番の場合，右寄せで1とだけ書いてください。

  受験番号90001番の場合，右寄せで90001とだけ書いてください。

  受験番号を記入していない場合や，氏名を記入した場合には，採点の対象とならない場合があります。
- 印刷の汚れや乱丁，筆記用具の不具合などで必要のある場合は，手をあげて試験担当者に合図をしてください。
- 下敷きは，机の不良などで特に許されたもの以外は使用してはいけません。
- 計算用具(そろばん・計算機能のみの電卓など)を使用してもかまいません。
- 解答用紙は，持ち帰りできませんので白紙の場合でも必ず提出してください。

  解答用紙を持ち帰った場合は失格となり，以後の受験をお断りする場合があります。
- **簿記上本来赤で記入する箇所も黒で記入すること。**
- **金額には3位ごとのカンマ「,」を記入すること。**

  ただし，位取りのけい線のある解答用紙にはカンマを記入しないこと。

  また，カンマは数字の下側に左向き，小数点は数字の下側に右向きで記入し，明確に区別できるようにすること。

全3ページ ①

第3回簿記能力検定試験模擬問題
3級　商業簿記

解答は解答用紙に

第1問　次の取引を仕訳しなさい。ただし，勘定科目は，次の中から最も適切と思われるものを選ぶこと。なお，とくに指示がない限り，消費税の会計処理は考慮しなくてよい。(28 点)

現　　金	当 座 預 金	普 通 預 金	受 取 手 形
売 掛 金	有 価 証 券	貸 付 金	手 形 貸 付 金
支 払 手 付 金	仮 払 消 費 税	建　　物	備　　品
支 払 手 形	買 掛 金	借 入 金	手 形 借 入 金
未 払 金	所 得 税 預り金	受 取 手 付 金	仮 受 消 費 税
資 本 金	売　　上	受 取 利 息	有価証券売却益
仕 入	給 料	支 払 利 息	有価証券売却損

1. 東法銀行から，借用証書によって現金¥1,200,000を借り入れた。

2. 現金¥1,000,000と建物¥5,000,000を元入れして，会社を設立し営業を開始した。

3. 従業員への給料¥240,000を，所得税の源泉徴収額¥30,000を差し引き，残額を現金で支払った。

4. 野々市産業株式会社よりA商品¥2,057,000(うち消費税額¥187,000)を仕入れ，代金のうち¥600,000は以前支払っていた手付金を充当し，残額は掛けとした。なお，消費税を税抜方式で処理する。

5. 保有している新宿株式会社の株式(帳簿価額¥250,000)を¥312,000で売却し，その代金は当社の普通預金口座に振り込まれた。

6. 事務用のコンピュータ¥470,000を購入し，その代金は小切手を振り出して支払った。

7. 新宿株式会社に現金¥1,300,000を貸し付け，借用証書の代用として同社振り出しの約束手形を受け取った。

第2問　次の①の場合の（ア）と（イ），②の場合の（ウ）と（エ）に当てはまる金額を計算しなさい。なお，②については，損益取引以外の取引により生じた純資産の変動はないものとする。(16 点)

（単位：円）

	期首商品棚卸高	純仕入高	期末商品棚卸高	売上原価	純売上高	売上総利益
①	463,000	（ア）	425,000	18,880,000	27,590,000	（イ）

	期首資産	期首負債	期末純資産	総収益	総費用	当期純利益
②	（ウ）	13,340,000	25,020,000	13,100,000	（エ）	3,654,000

第3問　次の出金伝票・振替伝票の記入を解答欄に示した各元帳に記入しなさい。（12点）

出　金　伝　票	No. 18	承認印	西	主帳印		会計印	南	係印	東

令和 ○ 年 9月15日

コード	02 － 165	支払先	鎌倉商店	様

勘　定　科　目	摘　　要	金　　　額
買　　掛　　金	仕入先係 山田支払	1 5 0 0 0 0 －
合　　　計		¥ 1 5 0 0 0 0 －

振　替　伝　票	No. 34	承認印	西	主帳印		係印	東

令和 ○ 年 9月 24日

金　　額	借方科目	摘　　　要	貸方科目	金　　額
5 0 0 0 0 0	仕　　　入	鎌倉商店から仕入	前 払 金	2 0 0 0 0 0
			買 掛 金	3 0 0 0 0 0
¥ 5 0 0 0 0 0		合　　　計		¥ 5 0 0 0 0 0

第4問　次の取引を小口現金出納帳に記入して締め切りなさい。なお，小口現金係は，定額資金前渡制（インプレスト・システム）により毎週金曜日の終業時にその週の支払いを報告し，資金の補給を受けている。（12点）

8月18日（月）	コピー機トナー代	￥2,400
19日（火）	郵便切手代	￥5,600
20日（水）	インクカートリッジ代	￥3,700
21日（木）	タクシー代	￥8,500
22日（金）	新聞代	￥4,100

第5問　決算にあたって修正すべき次の事項（決算整理事項）にもとづいて，東京商事株式会社（会計期間は令和〇年1月1日〜令和〇年12月31日）の精算表を完成しなさい。（32点）

決算整理事項

1．期末商品棚卸高　　￥520,000

2．貸倒引当金　　　　売掛金残高の1.5％の貸し倒れを見積もる。差額補充法により処理する。

3．備品：減価償却　　備品は令和〇年1月1日に￥1,960,000で購入し，直ちに使用に供したものである。
定額法により減価償却費の計算を行い，直接法により記帳する。
耐用年数は8年，残存価額はゼロと見積もられている。

4．現金過不足の残高は，原因不明につき，雑損として処理する。

5．地代の前払高　　￥30,000

6．給料の未払高　　￥70,000

※氏名は記入しないこと。

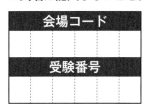

| 会場コード |
| 受験番号 |

第3回簿記能力検定試験模擬問題
3級 商業簿記
解答用紙

得　点

点

制限時間
【1時間30分】

第1問採点

第1問 （28点）

	借　　　方		貸　　　方	
	勘 定 科 目	金　　額	勘 定 科 目	金　　額
1				
2				
3				
4				
5				
6				
7				

第2問採点

第2問 （16点）

（ア）	純 仕 入 高	¥
（イ）	売 上 総 利 益	¥
（ウ）	期 首 資 産	¥
（エ）	総 費 用	¥

第3問採点

第3問 （12点）

【注】丁数欄の「振」は振替伝票,「出」は出金伝票を示す。　[注意] （　）には相手勘定科目を記入すること。

〈12〉 買 掛 金

令和○年		摘　　要	丁数	借　　方	日付		摘　　　要	丁数	貸　　方
9	15	（　　　　　）	出18	[　　　]	9	1	前　頁　繰　越	✓	250,000
						24	（　　　　　）	振34	[　　　]

〈02-165〉 鎌 倉 商 店

令和○年		摘　　要	丁数	借　　方	貸　　方	借または貸	残　　高
9	1	前　月　繰　越	✓		200,000	貸	200,000
	15	山田支払, 領収書　No.18	出18	[　　　]		〃	[　　　]
	24	仕　　　　　入	振34		[　　　]	〃	[　　　]

第4問採点

第4問 （12点）

小 口 現 金 出 納 帳

受　　入	令和○	年	摘　　要	支　　払	内　　　　　訳				残　　高
					通信費	交通費	消耗品費	雑　費	
50,000	8	18	前　週　繰　越						50,000
			合　　計						
		22	本　日　補　給						
		〃	**次　週　繰　越**						
	8	25	前　週　繰　越						

第5問採点

第5問（32点）

精　算　表

勘定科目	残高試算表		修正記入		損益計算書		貸借対照表	
	借　方	貸　方	借　方	貸　方	借　方	貸　方	借　方	貸　方
現　　　金	2,730,000							
現金過不足	2,500							
当 座 預 金	2,030,000							
普 通 預 金	1,301,500							
売 掛 金	1,200,000							
貸倒引当金		5,000						
繰 越 商 品	320,000							
貸 付 金	450,000							
備 　 品	1,960,000							
買 掛 金		434,500						
借 入 金		680,000						
資 本 金		5,000,000						
繰越利益剰余金		2,010,000						
売　　　上		9,546,500						
受 取 利 息		20,000						
仕　　　入	4,310,000							
給　　　料	1,250,000							
広 告 費	217,000							
交 通 費	354,000							
通 信 費	222,000							
消 耗 品 費	57,000							
保 険 料	456,000							
支 払 地 代	563,000							
水道光熱費	241,000							
支 払 利 息	32,000							
	17,696,000	17,696,000						
貸倒引当金繰入								
減価償却費								
雑　　　損								
前 払 地 代								
未 払 給 料								
当期純利益								

第 3 回　3 級

解答は，すべて解答用紙に記入して必ず提出してください。

第4回簿記能力検定試験模擬問題
問題用紙

３級　商業簿記

問題用紙（計算用紙含）は回収します。持ち帰り厳禁です。

注　　意

・試験開始の合図があるまで，問題用紙は開かないでください。

・この試験の制限時間は１時間30分です。

・解答は，問題の指示にしたがい，すべて解答用紙の指定の位置に記入してください。

・解答用紙の会場コードは，試験担当者が指示した６桁の数字を頭の０(ゼロ)を含めてすべて書いてください。

　受験番号は右寄せで書いてください。左の空白欄への０(ゼロ)記入は不要です。

　受験番号１番の場合，右寄せで１とだけ書いてください。

　受験番号90001番の場合，右寄せで90001とだけ書いてください。

　受験番号を記入していない場合や，氏名を記入した場合には，採点の対象とならない場合があります。

・印刷の汚れや乱丁，筆記用具の不具合などで必要のある場合は，手をあげて試験担当者に合図をしてください。

・下敷きは，机の不良などで特に許されたもの以外は使用してはいけません。

・計算用具(そろばん・計算機能のみの電卓など)を使用してもかまいません。

・解答用紙は，持ち帰りできませんので白紙の場合でも必ず提出してください。

　解答用紙を持ち帰った場合は失格となり，以後の受験をお断りする場合があります。

・**簿記上本来赤で記入する箇所も黒で記入すること。**

・**金額には３位ごとのカンマ「，」を記入すること。**

　ただし，位取りのけい線のある解答用紙にはカンマを記入しないこと。

　また，カンマは数字の下側に左向き，小数点は数字の下側に右向きで記入し，明確に区別できるようにすること。

全3ページ ①

第4回簿記能力検定試験模擬問題
3級 商業簿記

解答は解答用紙に

第1問 次の取引を仕訳しなさい。ただし，勘定科目は，次の中から最も適切と思われるものを選ぶこと。なお，とくに指示がない限り，消費税の会計処理は考慮しなくてよい。(28点)

現　　　　　金	当 座 預 金	普 通 預 金	受 取 手 形
売 掛 金	有 価 証 券	仮 払 消 費 税	建　　　　　物
車 両 運 搬 具	備　　　　　品	土　　　　　地	支 払 手 形
買 掛 金	借 入 金	未 払 金	所得税預り金
仮 受 金	仮 受 消 費 税	資 本 金	売　　　　　上
受 取 利 息	有価証券売却益	仕　　　　　入	給　　　　　料
租 税 公 課	支 払 利 息	有価証券売却損	貸 倒 損 失

1．現金¥1,300,000と土地¥5,000,000を元入れして会社を設立し，営業を開始した。

2．東法自動車販売店から，営業用の自動車¥900,000を購入し，その代金は月末に支払うことにした。

3．得意先信濃商店にA商品¥660,000(うち消費税額¥60,000)を販売し，その代金は掛けとした。なお，消費税を税抜方式で処理する。

4．長野商店に対する買掛金¥300,000を，小切手を振り出して支払った。

5．売買目的で購入した株式会社軽井沢海運の株式(帳簿価額¥860,000)を，¥920,000で売却した。その売却対価は，当店の当座預金口座に振り込まれた。

6．固定資産税¥37,000を現金にて納付した。

7．当期に生じた東西商店に対する売掛金¥140,000が，回収不能となった。

第2問 次の①の場合の（ア）と（イ），②の場合の（ウ）と（エ）に当てはまる金額を計算しなさい。なお，①については，損益取引以外の取引により生じた純資産の変動はないものとする。(16点)

(単位：円)

①	期首資産	期首負債	期末純資産	総収益	総費用	当期純利益
	（ア）	10,430,000	27,040,000	（イ）	16,960,000	990,000

②	期首商品棚卸高	純仕入高	期末商品棚卸高	売上原価	純売上高	売上総利益
	520,000	17,778,000	550,000	（ウ）	（エ）	3,752,000

第3問　次の各種伝票の記入を解答用紙の各勘定口座（Tフォーム）の空欄に転記しなさい。なお，口座の（　　）には相手勘定，[　　]には金額を記入すること。（12点）

入 金 伝 票	No. 16	承認印	西	主帳印		会計印	南	係印	東

令和 ○ 年10月13日

科目	売 掛 金	入金先	但馬商店						殿

摘　　　要	金　　額
売掛金の回収	4 2 8 0 0 0
合　　計	¥ 4 2 8 0 0 0

出 金 伝 票	No. 28	承認印	西	主帳印		会計印	南	係印	東

令和 ○ 年10月19日

科目	備 品	支払先	和泉家具店						殿

摘　　　要	金　　額
事務用整理棚の購入代金の支払い	3 0 0 0 0 0
合　　計	¥ 3 0 0 0 0 0

振 替 伝 票	No. 36	承認印	西	主帳印		係印	東

令和 ○ 年 10 月 24 日

金　　額	借方科目	摘　　　要	貸方科目	金　　額
2 7 6 0 0 0	買 掛 金	尾張商会へ小切手振出し	当座預金	2 7 6 0 0 0
¥ 2 7 6 0 0 0		合　　計		¥ 2 7 6 0 0 0

第4問　次の取引を小口現金出納帳に記入して締め切りなさい。なお，小口現金係は，定額資金前渡制（インプレスト・システム）により毎週金曜日の終業時にその週の支払いを報告し，資金の補給を受けている。なお，当社は，土曜，日曜が休業日である。（12点）

> 3月21日（火）　接待用お茶菓子代　　　¥1,600
> 　　21日（火）　電車運賃　　　　　　　¥3,400
> 　　22日（水）　コピー用紙代　　　　　¥2,300
> 　　23日（木）　プリンターインク代　　¥8,000
> 　　24日（金）　インターネット通信料　¥1,100

第5問　決算にあたって修正すべき次の事項（決算整理事項）にもとづいて，東西商事株式会社（会計期間は令和〇年1月1日～令和〇年12月31日）の精算表を完成しなさい。（32点）

決算整理事項

> 1．期末商品棚卸高　　　¥390,000
> 2．貸倒引当金　　　　　売掛金残高の1.0％の貸し倒れを見積もる。差額補充法により処理する。
> 3．備品：減価償却　　　備品は当期期首に¥1,500,000で購入し，直ちに使用に供したものである。定額法により減価償却費の計算を行い，直接法により記帳する。
> 　　　　　　　　　　　　耐用年数は5年，残存価額はゼロと見積もられている。
> 4．現金過不足の残高は，原因不明につき，雑損として処理する。
> 5．家賃の前払高　　　　¥70,000
> 6．給料の未払高　　　　¥40,000

 全4ページ

第4回簿記能力検定試験模擬問題
3級 商業簿記
解答用紙

※氏名は記入しないこと。

制限時間
【1時間30分】

第1問採点

第1問 （28点）

	借　　方		貸　　方	
	勘　定　科　目	金　　額	勘　定　科　目	金　　額
1				
2				
3				
4				
5				
6				
7				

第2問採点

第2問 （16点）

（ア）	期　首　資　産	¥
（イ）	総　　収　　益	¥
（ウ）	売　上　原　価	¥
（エ）	純　売　上　高	¥

第3問採点

第3問 （12点）

〈　〉の番号は伝票のNo.を示す。

現　　　金

10/13 （ 　　 ）〈 16 〉 [　　]	10/19 （ 　　 ）〈 28 〉 [　　]

売　　掛　　金

	10/13 （ 　　 ）〈 16 〉 [　　]

当　座　預　金

	10/24 （ 　　 ）〈 36 〉 [　　]

買　　掛　　金

10/24 （ 　　 ）〈 36 〉 [　　]	

備　　　品

10/19 （ 　　 ）〈 28 〉 [　　]	

第4問採点

第4問　（12点）

小 口 現 金 出 納 帳

受　　入	令和○	年	摘　　　要	支　　払	内　　　　　訳				残　　高
					通 信 費	交 通 費	消耗品費	雑　　費	
35,000	3	20	前 週 繰 越						35,000
			合　　　計						
		24	本 日 補 給						
		〃	**次 週 繰 越**						
	3	27	前 週 繰 越						

第5問 （32点）

精　算　表

勘定科目	残高試算表		修正記入		損益計算書		貸借対照表	
	借　方	貸　方	借　方	貸　方	借　方	貸　方	借　方	貸　方
現　　金	770,000							
現金過不足	1,700							
当座預金	1,710,000							
普通預金	1,371,300							
売　掛　金	500,000							
貸倒引当金		3,000						
繰越商品	410,000							
貸　付　金	1,600,000							
備　　品	1,500,000							
買　掛　金		634,000						
借　入　金		1,510,000						
資　本　金		4,200,000						
繰越利益剰余金		930,000						
売　　上		9,230,000						
受取利息		3,000						
仕　　入	5,130,000							
給　　料	2,240,000							
広　告　費	66,000							
交　通　費	114,000							
通　信　費	134,000							
消耗品費	70,000							
支払家賃	600,000							
水道光熱費	240,000							
租税公課	18,000							
支払利息	35,000							
	16,510,000	16,510,000						
貸倒引当金繰入								
減価償却費								
雑　　損								
前払家賃								
未払給料								
当期純利益								

解答は，すべて解答用紙に記入して必ず提出してください。

第5回簿記能力検定試験模擬問題
問題用紙

3級 商業簿記

問題用紙（計算用紙含）は回収します。持ち帰り厳禁です。

注　意

・試験開始の合図があるまで，問題用紙は開かないでください。

・この試験の制限時間は1時間30分です。

・解答は，問題の指示にしたがい，すべて解答用紙の指定の位置に記入してください。

・解答用紙の会場コードは，試験担当者が指示した6桁の数字を頭の0（ゼロ）を含めてすべて書いてください。

　受験番号は右寄せで書いてください。左の空白欄への0（ゼロ）記入は不要です。

　受験番号1番の場合，右寄せで1とだけ書いてください。

　受験番号90001番の場合，右寄せで90001とだけ書いてください。

　受験番号を記入していない場合や，氏名を記入した場合には，採点の対象とならない場合があります。

・印刷の汚れや乱丁，筆記用具の不具合などで必要のある場合は，手をあげて試験担当者に合図をしてください。

・下敷きは，机の不良などで特に許されたもの以外は使用してはいけません。

・計算用具（そろばん・計算機能のみの電卓など）を使用してもかまいません。

・解答用紙は，持ち帰りできませんので白紙の場合でも必ず提出してください。

　解答用紙を持ち帰った場合は失格となり，以後の受験をお断りする場合があります。

・**簿記上本来赤で記入する箇所も黒で記入すること。**

・**金額には3位ごとのカンマ「，」を記入すること。**

　ただし，位取りのけい線のある解答用紙にはカンマを記入しないこと。

　また，カンマは数字の下側に左向き，小数点は数字の下側に右向きで記入し，明確に区別できるようにすること。

全3ページ ①

第5回簿記能力検定試験模擬問題
3級　商業簿記

解答は解答用紙に

第1問　次の取引を仕訳しなさい。ただし，勘定科目は，次の中から最も適切と思われるものを選ぶこと。なお，とくに指示がない限り，消費税の会計処理は考慮しなくてよい。（28点）

現　　金	当座預金	普通預金	受取手形
売掛金	有価証券	仮払金	仮払消費税
車両運搬具	備　品	土　地	支払手形
買掛金	借入金	未払金	所得税預り金
仮受金	仮受消費税	資本金	売　上
受取利息	有価証券売却益	仕　入	給料
旅費交通費	支払利息	有価証券売却損	貸倒引当金

1．当社の営業資金として，東西銀行札幌支店から¥2,500,000を借り入れ，その資金が当社の当座預金口座に入金された。

2．青森商店から商品¥700,000を仕入れ，その代金は小切手を振り出して支払った。

3．九州自動車販売店から，営業用の軽自動車¥750,000を購入し，その代金は月末に支払うこととした。

4．かねて従業員の出張に際して，旅費の概算額として現金¥160,000を渡していたが，本日，従業員が帰社し，旅費として¥148,000支払った旨の報告を受け，残額を現金で受け取った。

5．商品を現金で売り上げて，以下の領収書を発行した。なお，消費税の処理は税抜方式を採用している。

領　収　書	
	令和○年3月4日
ネックレス　1点	¥30,000
消　費　税	¥3,000
合　　計	¥33,000

6．従業員への給料¥270,000の支払いに際して，所得税の源泉徴収額¥32,000を差し引き，普通預金口座から口座振込で支払った。

7．前期に生じた博多商事株式会社に対する売掛金¥300,000が回収不能となり，全額貸倒引当金で充当する処理を行った。

第2問　次の資料により，（ア）期首純資産（期首資本），（イ）売上原価，（ウ）売上総利益，（エ）当期純利益の各金額を求めなさい。なお，損益取引以外の取引により生じた純資産の変動はなかった。（16点）

1．期　　首：資産　¥5,200,000（うち，商品¥570,000）

　　　　　　　負債　¥1,300,000

2．期　　末：資産　¥5,950,000（うち，商品¥610,000）

　　　　　　　負債　¥1,680,000

3．純売上高　　　　¥13,100,000

4．純仕入高　　　　¥12,730,000

第3問　次の各種伝票の記入を解答用紙の各勘定口座（Tフォーム）の空欄に転記しなさい。なお，口座の（　　）には相手勘定，[　　]には金額を記入すること。（12点）

入 金 伝 票	No. 10	承認印	西	主帳印		会計印	南	係印	東

令和 ○ 年6月6日

科目	未 収 金	入金先	館林商事株式会社	殿

摘　　　要	金　　　額
未収金（有価証券売却代金）の回収	2 8 0 0 0 0
合　　　計	¥ 2 8 0 0 0 0

出 金 伝 票	No. 19	承認印	西	主帳印		会計印	南	係印	東

令和 ○ 年6月12日

科目	前 払 金	支払先	足利商事株式会社	殿

摘　　　要	金　　　額
注文商品（¥640,000）の内金の支払い	1 0 0 0 0 0
合　　　計	¥ 1 0 0 0 0 0

振 替 伝 票	No. 28	承認印	西	主帳印		係印	東

令和 ○ 年 6月 20日

金　　　額	借方科目	摘　　　要	貸方科目	金　　　額
6 4 0 0 0 0	仕　　　入	足利商事株式会社より仕入	前 払 金	1 0 0 0 0 0
			買 掛 金	5 4 0 0 0 0
¥ 6 4 0 0 0 0		合　　　計		¥ 6 4 0 0 0 0

35

第4問　次の取引を小口現金出納帳に記入して締め切りなさい。なお、小口現金係は、定額資金前渡制（インプレスト・システム）により毎週金曜日の終業時にその週の支払いを報告し、資金の補給を受けている。（12点）

6月10日（火）　コピー機トナー代　　¥1,900
　　11日（水）　郵便はがき代　　　　¥7,500
　　12日（木）　高速バス代　　　　　¥4,200
　　13日（金）　接待用お土産代　　　¥4,700
　　13日（金）　ボールペン代　　　　¥1,400

第5問　決算にあたって修正すべき次の事項（決算整理事項）にもとづいて、株式会社東法商会（会計期間は令和○年1月1日～令和○年12月31日）の精算表を完成しなさい。（32点）

決算整理事項
　1．期末商品棚卸高　　　¥170,000
　2．貸倒引当金　　　　　売掛金の期末残高について1.0％の貸し倒れを見積もる。差額補充法により処理する。
　3．備品：減価償却　　　備品は当期期首に¥2,100,000で購入し、直ちに使用に供したものである。耐用年数7年、残存価額はゼロ（¥0）と見積もられ、定額法により減価償却を行う。また、直接法により記帳している。
　4．現金過不足の残高は、原因不明につき、雑損として処理する。
　5．家賃の前払高　　　　¥50,000
　6．広告費の未払高　　　¥62,000

※氏名は記入しないこと。

会場コード			

受験番号			

第5回簿記能力検定試験模擬問題
3級 商業簿記
解答用紙

得　点
点

制限時間
【1時間30分】

第1問採点

第1問　（28点）

	借　　方		貸　　方	
	勘定科目	金額	勘定科目	金額
1				
2				
3				
4				
5				
6				
7				

第2問採点

第2問　（16点）

（ア）	期首純資産（期首資本）	¥
（イ）	売上原価	¥
（ウ）	売上総利益	¥
（エ）	当期純利益	¥

第3問採点

第3問 （12点）

〈　〉の番号は伝票のNo.を示す。

現　　　　金

6/6 （　　　　）〈 10 〉 ［　　　　］	6/12 （　　　　）〈 19 〉 ［　　　　］

未　収　金

	6/6 （　　　　）〈 10 〉 ［　　　　］

前　払　金

6/12 （　　　　）〈 19 〉 ［　　　　］	6/20 （　　　　）〈 28 〉 ［　　　　］

買　掛　金

	6/20 （　　　　）〈 28 〉 ［　　　　］

仕　　　　入

6/20 （　　　　）〈 28 〉 ［　　　　］	

第 4 問　（12 点）

小 口 現 金 出 納 帳

受　　入	令○	和年	摘　　要	支　払	通 信 費	交 通 費	消耗品費	雑　　費	残　　高
40,000	6	9	前 週 繰 越						40,000
			合　　計						
		13	本 日 補 給						
		〃	**次 週 繰 越**						
	6	16	前 週 繰 越						

第5問 （32点）

精 算 表

勘定科目	残 高 試 算 表		修 正 記 入		損 益 計 算 書		貸 借 対 照 表	
	借　方	貸　方	借　方	貸　方	借　方	貸　方	借　方	貸　方
現　　　　金	1,223,700							
現金過不足	2,900							
当 座 預 金	1,840,000							
普 通 預 金	1,750,000							
売 掛 金	1,200,000							
貸倒引当金		9,000						
繰 越 商 品	210,000							
貸 付 金	980,000							
備　　　品	2,100,000							
買 掛 金		870,000						
借 入 金		1,400,000						
資 本 金		5,180,000						
繰越利益剰余金		1,000,000						
売　　　上		9,780,000						
受 取 利 息		14,000						
仕　　　入	5,730,000							
給　　　料	1,640,000							
広 告 費	165,400							
交 通 費	330,000							
通 信 費	210,000							
消 耗 品 費	51,000							
支 払 家 賃	650,000							
水 道 光 熱 費	110,000							
租 税 公 課	43,000							
支 払 利 息	17,000							
	18,253,000	18,253,000						
貸倒引当金繰入								
減価償却費								
雑　　　損								
前 払 家 賃								
未 払 広 告 費								
当期純利益								

解答は，すべて解答用紙に記入して必ず提出してください。

第6回簿記能力検定試験模擬問題
問題用紙

3級　商業簿記

問題用紙（計算用紙含）は回収します。持ち帰り厳禁です。

注　意

- ・試験開始の合図があるまで，問題用紙は開かないでください。
- ・この試験の制限時間は1時間30分です。
- ・解答は，問題の指示にしたがい，すべて解答用紙の指定の位置に記入してください。
- ・解答用紙の会場コードは，試験担当者が指示した6桁の数字を頭の0(ゼロ)を含めてすべて書いてください。

  受験番号は右寄せで書いてください。左の空白欄への0(ゼロ)記入は不要です。

  受験番号1番の場合，右寄せで1とだけ書いてください。

  受験番号90001番の場合，右寄せで90001とだけ書いてください。

  受験番号を記入していない場合や，氏名を記入した場合には，採点の対象とならない場合があります。
- ・印刷の汚れや乱丁，筆記用具の不具合などで必要のある場合は，手をあげて試験担当者に合図をしてください。
- ・下敷きは，机の不良などで特に許されたもの以外は使用してはいけません。
- ・計算用具(そろばん・計算機能のみの電卓など)を使用してもかまいません。
- ・解答用紙は，持ち帰りできませんので白紙の場合でも必ず提出してください。

  解答用紙を持ち帰った場合は失格となり，以後の受験をお断りする場合があります。
- ・**簿記上本来赤で記入する箇所も黒で記入すること。**
- ・**金額には3位ごとのカンマ「,」を記入すること。**

  ただし，位取りのけい線のある解答用紙にはカンマを記入しないこと。

  また，カンマは数字の下側に左向き，小数点は数字の下側に右向きで記入し，明確に区別できるようにすること。

41

全3ページ　①

第6回簿記能力検定試験模擬問題
3級　商業簿記

解答は解答用紙に

第1問　次の取引を仕訳しなさい。ただし，勘定科目は，次の中から最も適切と思われるものを選ぶこと。なお，とくに指示がない限り，消費税の会計処理は考慮しなくてよい。（28点）

現　　　　　金	当 座 預 金	普 通 預 金	受 取 手 形
売　掛　金	有 価 証 券	商　　　品	前　払　金
未　収　金	仮　払　金	仮 払 消 費 税	車 両 運 搬 具
土　　　　地	支 払 手 形	買　掛　金	前　受　金
未　払　金	仮　受　金	仮 受 消 費 税	資　本　金
売　　　　上	受 取 利 息	有価証券売却益	仕　　　入
売 上 原 価	支 払 利 息	有価証券売却損	貸 倒 引 当 金

1．東西商事株式会社は現金¥1,300,000と土地¥3,500,000を元入れして，会社を設立し営業を開始した。

2．得意先米子産業株式会社にA商品¥782,100（うち消費税額¥71,100）を販売し，代金のうち¥300,000は以前受け取っていた手付金を充当し，残額は掛けとした。なお，消費税を税抜方式で処理する。

3．仕入先秋田商店に対する買掛金¥140,000を現金で支払った。

4．前期に生じた南北商事株式会社に対する売掛金¥440,000が回収不能となり，全額貸倒引当金で充当する処理を行った。

5．保有している株式会社鳥栖商事の株式（帳簿価額¥579,000）を¥492,000で売却し，その代金は後日普通預金口座に振り込まれる予定である。

6．土佐商事株式会社にB商品240個（原価@¥970，売価@¥1,600）を販売し，代金のうち¥250,000は土佐商事株式会社振出しの小切手で受け取り，残額は掛けとした。ただし，当社は商品売買に関して，販売のつど売上原価勘定に振り替える方法で記帳している。

7．商品運搬用のトラック¥3,000,000を購入し，その代金は諸費用¥160,000とともに小切手を振り出して支払った。

第2問　次の資料によって，（ア）期首純資産（期首資本），（イ）売上原価，（ウ）売上総利益，（エ）当期純利益の各金額を求めなさい。ただし，収益費用以外，増資や減資など純資産（資本）に直接変動を与える取引はなかった。（16点）

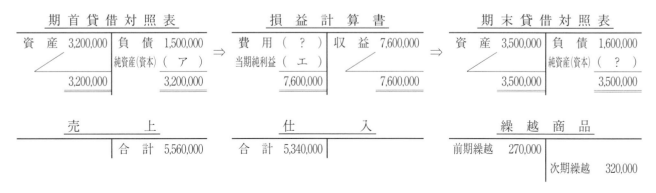

期首貸借対照表			
資　産 3,200,000	負　債 1,500,000		
	純資産(資本) （ア）		
3,200,000	3,200,000		

⇒

損益計算書	
費用 （？）	収益 7,600,000
当期純利益 （エ）	
7,600,000	7,600,000

⇒

期末貸借対照表	
資　産 3,500,000	負　債 1,600,000
	純資産(資本) （？）
3,500,000	3,500,000

売上	
	合　計 5,560,000

仕入	
合　計 5,340,000	

繰越商品	
前期繰越 270,000	
	次期繰越 320,000

なお，元帳は締め切っていないし，決算整理仕訳も記入していない。

第3問　次の取引を売上帳および得意先（売掛金）元帳に記入しなさい。なお，得意先（売掛金）元帳は月末に締め切ること。（12点）

令和○年8月12日　長崎商店にC商品400個を単価￥300で売り上げ，代金は掛けとした。
令和○年8月22日　長崎商店に対する売掛金を，同店振り出しの約束手形￥300,000で回収した。

第4問　次の取引を小口現金出納帳に記入して締め切りなさい。なお，小口現金係は，定額資金前渡制（インプレスト・システム）により毎週金曜日の終業時にその週の支払いを報告し，資金の補給を受けている。（12点）

7月22日（月）	郵便料金	￥　800
23日（火）	プリンターインク代	￥2,700
24日（水）	接待用飲み物代	￥1,800
25日（木）	タクシー代	￥3,900
26日（金）	新聞代	￥4,100

第5問　決算にあたって修正すべき次の事項（決算整理事項）にもとづいて，株式会社守山商会（会計期間は令和〇年1月1日〜令和〇年12月31日）の精算表を完成しなさい。（32点）

決算整理事項

1．期末商品棚卸高　　　￥440,000

2．貸倒引当金　　　　　売掛金の期末残高について2.5％の貸し倒れを見積もる。差額補充法により処理する。

3．備品：減価償却　　　備品は当期期首に￥1,800,000で購入し，直ちに使用に供したものである。耐用年数9年，残存価額はゼロ（￥0）と見積もられ，定額法により減価償却を行う。また，直接法により記帳している。

4．現金過不足の残高は，原因不明につき，雑益として処理する。

5．家賃の前払高　　　　￥70,000

6．給料の未払高　　　　￥42,000

※氏名は記入しないこと。

会場コード

受験番号

第6回簿記能力検定試験模擬問題
3級　商業簿記
解答用紙

得　　点
点

制限時間
【1時間30分】

第1問採点

第1問　（28点）

	借　　方		貸　　方	
	勘　定　科　目	金　　額	勘　定　科　目	金　　額
1				
2				
3				
4				
5				
6				
7				

第2問採点

第2問　（16点）

（ア）	期首純資産（期首資本）	¥
（イ）	売　上　原　価	¥
（ウ）	売　上　総　利　益	¥
（エ）	当　期　純　利　益	¥

45

第3問 （12点）

売　上　帳

令和○年	摘　　　要	金　　額

得　意　先　（売　掛　金）　元　帳
長　崎　商　店

令和○年		摘　　要	借　　方	貸　　方	借または貸	残　　高
8	1	前 月 繰 越	300,000		借	300,000
	31	**次 月 繰 越**				
9	1	前 月 繰 越				

第4問 （12点）

小　口　現　金　出　納　帳

受　　入	令和○年		摘　　要	支　払	内　　　　　訳				残　　高
					通信費	交通費	消耗品費	雑　費	
70,000	7	22	前 週 繰 越						70,000
			合　　計						
		26	本 日 補 給						
		〃	**次 週 繰 越**						
	7	29	前 週 繰 越						

第5問（32点）

精　算　表

勘定科目	残高試算表 借方	残高試算表 貸方	修正記入 借方	修正記入 貸方	損益計算書 借方	損益計算書 貸方	貸借対照表 借方	貸借対照表 貸方
現　　　金	977,000							
現金過不足		2,400						
当座預金	1,220,000							
普通預金	740,000							
売　掛　金	840,000							
貸倒引当金		15,000						
繰越商品	470,000							
貸　付　金	1,000,000							
備　　　品	1,800,000							
買　掛　金		217,000						
借　入　金		1,223,000						
資　本　金		3,000,000						
繰越利益剰余金		660,000						
売　　　上		11,200,000						
受取利息		2,600						
仕　　　入	7,300,000							
給　　　料	504,000							
旅　　　費	79,000							
交　通　費	110,000							
通　信　費	165,000							
消耗品費	43,000							
支払家賃	910,000							
水道光熱費	130,000							
租税公課	21,000							
支払利息	11,000							
	16,320,000	16,320,000						
貸倒引当金繰入								
減価償却費								
雑　　　益								
前払家賃								
未払給料								
当期純利益								

解答は，すべて解答用紙に記入して必ず提出してください。

第7回簿記能力検定試験模擬問題
問題用紙

3級　商業簿記

問題用紙（計算用紙含）は回収します。持ち帰り厳禁です。

注　　意

・試験開始の合図があるまで，問題用紙は開かないでください。

・この試験の制限時間は1時間30分です。

・解答は，問題の指示にしたがい，すべて解答用紙の指定の位置に記入してください。

・解答用紙の会場コードは，試験担当者が指示した6桁の数字を頭の0（ゼロ）を含めてすべて書いてください。

　受験番号は右寄せで書いてください。左の空白欄への0（ゼロ）記入は不要です。

　受験番号1番の場合，右寄せで1とだけ書いてください。

　受験番号90001番の場合，右寄せで90001とだけ書いてください。

　受験番号を記入していない場合や，氏名を記入した場合には，採点の対象とならない場合があります。

・印刷の汚れや乱丁，筆記用具の不具合などで必要のある場合は，手をあげて試験担当者に合図をしてください。

・下敷きは，机の不良などで特に許されたもの以外は使用してはいけません。

・計算用具（そろばん・計算機能のみの電卓など）を使用してもかまいません。

・解答用紙は，持ち帰りできませんので白紙の場合でも必ず提出してください。

　解答用紙を持ち帰った場合は失格となり，以後の受験をお断りする場合があります。

・簿記上本来赤で記入する箇所も黒で記入すること。

・金額には3位ごとのカンマ「，」を記入すること。

　ただし，位取りのけい線のある解答用紙にはカンマを記入しないこと。

　また，カンマは数字の下側に左向き，小数点は数字の下側に右向きで記入し，明確に区別できるようにすること。

全3ページ ①

第7回簿記能力検定試験模擬問題
３級　商業簿記

解答は解答用紙に

第1問　次の取引を仕訳しなさい。勘定科目は，下の中から最も適切と思われるものを選ぶこと。なお，とくに指示がない限り，消費税は考えない。(28点)

現　　　　金	当 座 預 金	普 通 預 金	定 期 預 金
受 取 手 形	売 　掛　 金	有 価 証 券	前 　払 　金
仮 　払 　金	仮 払 消 費 税	車 両 運 搬 具	備 　　　品
土 　　　地	支 払 手 形	買 　掛 　金	前 　受 　金
未 　払 　金	仮 　受 　金	仮 受 消 費 税	資 　本 　金
売 　　　上	受 取 利 息	雑 　収 　入	仕 　　　入
旅 　　　費	交 　通 　費	消 耗 品 費	雑 　　　費

1．鳥取商事株式会社は現金￥5,000,000と土地￥20,000,000を元入れして，会社を設立し営業を開始した。

2．京都自動車販売店より，配達用のトラック1台を，￥1,000,000で購入したが，代金は，1か月後に支払うこととした。

3．岡山商店から掛けで仕入れていた商品50個(単価￥800)のうち5個について品違いがあったため返品した。

4．次の仕入先からの納品書にもとづき商品仕入れを仕訳しなさい。なお，代金は全額掛けとし，消費税の処理は税抜方式によっている。

納 　品 　書		令和〇年4月18日
姫路商店　殿		(株)神戸商会
固形石けん　　　20箱　　@￥30,000		￥600,000
消費税		￥ 60,000
	合計	￥660,000

5．支払日(決済日)となり，上の(株)神戸商会への掛け代金￥660,000を当社の当座預金口座から支払った。

6．定期預金口座へ￥5,000,000を普通預金口座から振り替えた。

7．和歌山商店にA商品(帳簿価額￥220,000)を￥280,000で売り渡し，その代金のうち￥200,000は現金で受け取り，残額は同店振り出しの約束手形で受け取った。

第2問　次の資料によって，（ア）期首資産・（イ）期首純資産（期首資本）・（ウ）総費用の各金額を求めなさい。なお，当期中に損益取引以外の取引により生じた純資産の変動はなく，空欄は各自求めること。（12点）

期 首 貸 借 対 照 表

資　　　産	（　　ア　　）	負　　　債	38,000,000
		純資産（資本）	（　　イ　　）
	（　　　　　）		（　　　　　）

損 益 計 算 書

総　費　用	（　　ウ　　）	総　収　益	8,880,000
当 期 純 利 益	1,300,000		
	8,880,000		8,880,000

期 末 貸 借 対 照 表

資　　　産	（　　　　　）	負　　　債	42,700,000
		純資産（資本）	15,590,000
	58,290,000		58,290,000

第3問　次の取引を売上帳および得意先（売掛金）元帳に記入しなさい。なお，得意先（売掛金）元帳は月末に締め切ること。（12点）

令和〇年7月5日　　熊本商店にB商品600個を単価￥600で売り渡し，代金は掛けとした。

令和〇年7月11日　　熊本商店に対する売掛金の回収として，同店振り出しの小切手￥300,000を受け取った。

第4問　当社は卸問屋を営んでおり，様々な商品を取り扱っている。その中のＣ商品を扱う倉庫係の次の入庫と出庫の**＜取引＞**を商品有高帳に記入し，有高帳の記入を完成するとともに，下記に示した**＜条件＞**により，

問1　この商品の当月の粗利，および，**問2**　この商品から直接えられた当月の利益を計算しなさい。

なお，Ｃ商品の適正在庫（最低限維持すべき在庫）数量は50単位（例えば，箱）とする。（16点）

＜取引＞

9月 1日　前月繰越は商品有高帳に記入の通り，50単位（箱）のうち，30単位（箱）@￥300，20単位（箱）@￥310であった。

　　 2日　天王寺製粉より，70単位（箱）を@￥310で仕入れる。

　　 8日　浪速商店より注文があり，50単位（箱）を出荷する。

　　18日　天王寺製粉より，50単位（箱）を@￥305で仕入れる。

　　24日　阿倍野商店より注文があり，90単位（箱）を出荷する。なお，適正在庫を割り込んだので，仕入係に報告した。

　　29日　適正在庫を維持するため急遽，生野製麺に注文していた商品20単位（箱）@￥320が納品された。

＜条件＞

当月に出荷したＣ商品はすべて売価@￥400で販売された。

当月のＣ商品の配送等にともなう直接の諸費用は￥2,100であった。なお，その他の費用は考えないものとする。

第5問　決算にあたって修正すべき次の事項（決算整理事項）にもとづいて，長崎商事株式会社（会計期間は令和○年1月1日〜令和○年12月31日）の精算表を完成しなさい。（32点）

決算整理事項

　　1．期末商品棚卸高　　　￥380,000

　　2．貸倒引当金　　　　　売掛金の期末有高に2.0％の貸倒れを見積もる。差額補充法により処理する。

　　3．備品：減価償却　　　備品は，当期首に，￥360,000で購入し，直ちに使用した。
　　　　　　　　　　　　　　耐用年数5年，残存価額はゼロ円と見積もられ，定額法により減価償却を行う。
　　　　　　　　　　　　　　なお，直接法により記帳する。

　　4．現金過不足　　　　　原因不明のため，雑益として処理せざるをえなかった。

　　5．消耗品の未使用高　　￥10,000

　　6．地代（月極駐車場代）の前払高　￥45,000

※氏名は記入しないこと。

会場コード

受験番号

第7回簿記能力検定試験模擬問題
3級 商業簿記
解答用紙

得 点
点

制限時間
【1時間30分】

第1問採点

第1問 （28点）

	借　方		貸　方	
	勘 定 科 目	金 額	勘 定 科 目	金 額
1				
2				
3				
4				
5				
6				
7				

第2問採点

第2問 （12点）

（ア）	期 首 資 産	¥
（イ）	期首純資産（期首資本）	¥
（ウ）	総 費 用	¥

第3問 （12点）

売　上　帳

令和○年	摘　　要	金　額

得　意　先（売　掛　金）元　帳
熊　本　商　店

令和○年		摘　要	借　方	貸　方	借または貸	残　高
7	1	前 月 繰 越	300,000		借	300,000
	31	次 月 繰 越				
8	1	前 月 繰 越				

第4問 （16点）

[注意]（　）には，取引の相手(会社名)，[　]には，数値(個数，単価または金額)を記入すること。

C　商　品

商　品　有　高　帳　　　　　　　＜先入先出法＞

令和○年		摘　　要	入　　　庫			出　　　庫				在　　　庫			
			数　量	単　価	金　額	数量{内訳	単　価	金　額		数量{内訳	単　価	金　額	
9	1	前月繰越	50		15,200					50{ 30	300		
										20	310	15,200	
	2	(　　　　)	[　　]	[　　　]	[　　　]					120{ 30	300		
										[　]	[　　]	36,900	
	8	(　　　)				[　]{[　]	[　]	[　　]		[　]	[　　]	[　　]	
						[　]	[　]	[　　　]	[　]		[　]	[　　]	
	18	(　　　)	[　]	[　　]	[　　　]					[　]{[　]	[　]	[　　]	
										[　]	[　]	[　　]	
	24	(　　　)				[　]{[　]	[　]	[　　]					
						[　]	[　]	[　　]	[　]				
	29	(　　　)	[　]	[　　]	[　　]					50{[　]	[　]		
										[　]	[　]	[　　]	
	30	払出合計				140		[　　]					
	〃	**次月繰越**				[　]		15,550					
			[　]		[　　]	[　]		[　　]					

問1	この商品の粗利	￥
問2	この商品からえられた利益	￥

第5問採点

第5問 （32点）

精　算　表

勘定科目	残高試算表		修正記入		損益計算書		貸借対照表	
	借　方	貸　方	借　方	貸　方	借　方	貸　方	借　方	貸　方
現　　金	2,820,000							
現金過不足		8,000						
当 座 預 金	1,392,000							
売 掛 金	270,000							
貸倒引当金		4,000						
有 価 証 券	900,000							
繰 越 商 品	330,000							
前 払 金	10,000							
備　　品	360,000							
買 掛 金		417,000						
未 払 金		900,000						
借 入 金		500,000						
資 本 金		3,000,000						
繰越利益剰余金		720,000						
売　　上		5,002,000						
有価証券売却益		120,000						
仕　　入	2,770,000							
給　　料	750,000							
交 通 費	210,000							
通 信 費	310,000							
消 耗 品 費	40,000							
支 払 地 代	90,000							
水 道 光 熱 費	342,000							
租 税 公 課	66,000							
支 払 利 息	11,000							
	10,671,000	10,671,000						
貸倒引当金繰入								
減 価 償 却 費								
雑　　益								
消 耗 品								
前 払 地 代								
当期純利益								

解答は，すべて解答用紙に記入して必ず提出してください。

第8回簿記能力検定試験模擬問題
問題用紙

３級　商業簿記

問題用紙（計算用紙含）は回収します。持ち帰り厳禁です。

注　意

・試験開始の合図があるまで，問題用紙は開かないでください。

・この試験の制限時間は1時間30分です。

・解答は，問題の指示にしたがい，すべて解答用紙の指定の位置に記入してください。

・解答用紙の会場コードは，試験担当者が指示した6桁の数字を頭の0（ゼロ）を含めてすべて書いてください。

　受験番号は右寄せで書いてください。左の空白欄への0（ゼロ）記入は不要です。

　受験番号1番の場合，右寄せで1とだけ書いてください。

　受験番号90001番の場合，右寄せで90001とだけ書いてください。

　受験番号を記入していない場合や，氏名を記入した場合には，採点の対象とならない場合があります。

・印刷の汚れや乱丁，筆記用具の不具合などで必要のある場合は，手をあげて試験担当者に合図をしてください。

・下敷きは，机の不良などで特に許されたもの以外は使用してはいけません。

・計算用具（そろばん・計算機能のみの電卓など）を使用してもかまいません。

・解答用紙は，持ち帰りできませんので白紙の場合でも必ず提出してください。

　解答用紙を持ち帰った場合は失格となり，以後の受験をお断りする場合があります。

・**簿記上本来赤で記入する箇所も黒で記入すること。**

・**金額には3位ごとのカンマ「，」を記入すること。**

　ただし，位取りのけい線のある解答用紙にはカンマを記入しないこと。

　また，カンマは数字の下側に左向き，小数点は数字の下側に右向きで記入し，明確に区別できるようにすること。

第8回簿記能力検定試験模擬問題
3級　商業簿記

解答は解答用紙に

第1問　次の取引を仕訳しなさい。勘定科目は，下の中から最も適切と思われるものを選ぶこと。なお，とくに指示がない限り，消費税は考えない。（28点）

現　　　金	当 座 預 金	普 通 預 金	定 期 預 金
受 取 手 形	売 掛 金	有 価 証 券	前 払 金
仮 払 金	仮 払 消 費 税	車 両 運 搬 具	備　　品
支 払 手 形	買 掛 金	借 入 金	前 受 金
未 払 金	仮 受 金	仮 受 消 費 税	資 本 金
繰越利益剰余金	売　　上	受 取 利 息	仕　　入
旅　　費	消 耗 品 費	租 税 公 課	損　　益

1．当社の営業資金として，東法銀行住吉支店より，¥1,700,000を借り入れ，その資金が普通預金口座に入金された。
2．板橋家具店から，事務用整理棚¥250,000を購入し，その代金は翌月末に支払うこととした。
3．神奈川商店から商品¥510,000を仕入れ，その代金のうち¥180,000は現金で支払い，残額は掛けとした。
4．福島商店に商品（帳簿価額¥510,000）を¥650,000で売り渡し，その代金のうち¥300,000は現金で受け取り，残額は同店振り出しの約束手形で受け取った。
5．固定資産税¥41,000が普通預金口座より引き落とされた。
6．A商品（1個当たり販売価格¥680）の販売に先立ち，得意先尾花沢商会より900個の予約注文を受け，商品代金全額が予約金として普通預金口座に振り込まれた。
7．千葉建設株式会社において，当期純損失¥400,000が算定された。

第2問　次の資料によって，（ア）期首純資産（期首資本）・（イ）期首資産・（ウ）総費用の各金額を求めなさい。なお，当期中に損益取引以外の取引により生じた純資産の変動はなく，空欄は各自求めること。（12点）

期 首 貸 借 対 照 表

資　　産	（　イ　）	負　　債	51,000,000
		純 資 産（資本）	（　ア　）
	（　　　）		（　　　）

損 益 計 算 書

総 費 用	（　ウ　）	総 収 益	9,400,000
当 期 純 利 益	2,200,000		
	9,400,000		9,400,000

期 末 貸 借 対 照 表

資　　産	（　　　）	負　　債	53,000,000
		純 資 産（資本）	13,420,000
	66,420,000		66,420,000

第3問 次の各種伝票の記入を解答用紙の各勘定口座（Tフォーム）の空欄に転記しなさい。なお，口座の（　　）には相手勘定，[　　]には金額を記入すること。（12点）

入 金 伝 票	No. 11	承認印	西	主帳印		会計印	南	係印	東

令和 ○ 年 3 月 10 日

科目	売 掛 金	入金先	宇都宮商店			殿

摘　　　　　要	金　　　額
売掛金の回収	4 2 0 0 0 0
合　　　計	¥ 4 2 0 0 0 0

出 金 伝 票	No. 25	承認印	西	主帳印		会計印	南	係印	東

令和 ○ 年 3 月 16 日

科目	前 払 金	支払先	(株)栃木商会			殿

摘　　　　　要	金　　　額
B商品発注時の内金の支払い	1 7 0 0 0 0
合　　　計	¥ 1 7 0 0 0 0

振 替 伝 票		No. 38			承認印	西	主帳印		係印	東

令和 ○ 年 3 月 18 日

金　　額	借方科目	摘　　　要	貸方科目	金　　額
7 1 0 0 0 0	仕　　入	(株)栃木商会	前 払 金	1 7 0 0 0 0
		B商品の仕入れ	買 掛 金	5 4 0 0 0 0
¥ 7 1 0 0 0 0		合　　　計		¥ 7 1 0 0 0 0

第4問　C商品の仕入と払出についての記録にもとづいて，商品有高帳に記入しなさい。商品の払出単価の算定は，先入先出法によっている。なお，商品有高帳は月末の締め切りも行うこと。（16点）

【C商品の仕入と払出の記録】

11月　1日　（月初）前月繰越：C商品　@¥700，120個

　　　4日　立川商店からC商品を@¥710で250個仕入れ，代金は掛けとした。

　　　9日　水戸商店にC商品を@¥900で220個売り渡し，代金は掛けとした。

　　　17日　青梅商店からC商品を@¥750で100個仕入れ，代金は掛けとした。

　　　28日　常陸商店にC商品を@¥900で200個売り渡し，代金は掛けとした。

第5問　決算にあたって修正すべき次の事項（決算整理事項）にもとづいて，藤沢商事株式会社（会計期間は令和〇年1月1日〜令和〇年12月31日）の精算表を完成しなさい。（32点）

決算整理事項

　　1．期末商品棚卸高　　　　¥310,000

　　2．貸倒引当金　　　　　　売掛金の期末有高に2.0％の貸倒れを見積もる。差額補充法により処理すること。

　　3．備品：減価償却　　　　備品は，当期首に，¥900,000で購入し，直ちに使用に供したものである。

　　　　　　　　　　　　　　減価償却方法は定額法により，その記帳方法は直接法によることとする。

　　　　　　　　　　　　　　耐用年数は5年，残存価額はゼロと見積もられている。

　　4．現金過不足　　　　　　原因不明のため，雑益として処理せざるをえなかった。

　　5．消耗品の未使用高　　　¥　8,000

　　6．給料の未払高　　　　　¥110,000

※氏名は記入しないこと。

| 会場コード |
| 受験番号 |

第8回簿記能力検定試験模擬問題
❸級 商業簿記
解答用紙

制限時間
【1時間30分】

第1問採点

第1問 （28点）

	借　　方		貸　　方	
	勘　定　科　目	金　　額	勘　定　科　目	金　　額
1				
2				
3				
4				
5				
6				
7				

第2問採点

第2問 （12点）

（ア）	期首純資産（期首資本）	¥
（イ）	期　首　資　産	¥
（ウ）	総　　費　　用	¥

第3問　（12点）

〈　〉の番号は伝票のNo.を示す。

現　　　　金

| 3/10 （　　　　　）〈11〉 [　　　　　] | 3/16 （　　　　　）〈25〉 [　　　　　] |

売　　掛　　金

| | 3/10 （　　　　　）〈11〉 [　　　　　] |

前　　払　　金

| 3/16 （　　　　　）〈25〉 [　　　　　] | 3/18 （　　　　　）〈38〉 [　　　　　] |

買　　掛　　金

| | 3/18 （　　　　　）〈38〉 [　　　　　] |

仕　　　　入

| 3/18 （　　　　　）〈38〉 [　　　　　] | |

第4問 （16点）

商　品　有　高　帳
C　商　品

令○	和年	摘　　　　　要	受　入			払　出			残　高		
			数量	単価	金　額	数量	単価	金　額	数量	単価	金　額
11	1	前　月　繰　越	120	700	84,000				120	700	84,000
	4	立　川　商　店									
	30	**次　月　繰　越**									
12	1	前　月　繰　越									

第5問　（32点）

精　算　表

勘定科目	残 高 試 算 表		修 正 記 入		損 益 計 算 書		貸 借 対 照 表	
	借　方	貸　方	借　方	貸　方	借　方	貸　方	借　方	貸　方
現　　　　金	2,015,000							
現金過不足		5,000						
当 座 預 金	995,000							
売　掛　金	1,250,000							
貸倒引当金		4,000						
有 価 証 券	244,000							
繰 越 商 品	370,000							
貸　付　金	300,000							
備　　　　品	900,000							
買　掛　金		397,000						
前　受　金		61,000						
借　入　金		1,400,000						
資　本　金		3,000,000						
繰越利益剰余金		800,000						
売　　　　上		7,800,000						
受 取 利 息		3,000						
仕　　　　入	4,330,000							
給　　　　料	1,430,000							
交　通　費	220,000							
通　信　費	315,000							
消 耗 品 費	57,000							
支 払 家 賃	940,000							
水 道 光 熱 費	70,000							
租 税 公 課	21,000							
支 払 利 息	13,000							
	13,470,000	13,470,000						
貸倒引当金繰入								
減価償却費								
雑　　　益								
消　耗　品								
未 払 給 料								
当期純利益								

第9回簿記能力検定試験模擬問題
問題用紙

3級　商業簿記

問題用紙（計算用紙含）は回収します。持ち帰り厳禁です。

注　　意

- 試験開始の合図があるまで，問題用紙は開かないでください。
- この試験の制限時間は1時間30分です。
- 解答は，問題の指示にしたがい，すべて解答用紙の指定の位置に記入してください。
- 解答用紙の会場コードは，試験担当者が指示した6桁の数字を頭の0(ゼロ)を含めてすべて書いてください。

  受験番号は右寄せで書いてください。左の空白欄への0(ゼロ)記入は不要です。

  受験番号1番の場合，右寄せで1とだけ書いてください。

  受験番号90001番の場合，右寄せで90001とだけ書いてください。

  受験番号を記入していない場合や，氏名を記入した場合には，採点の対象とならない場合があります。
- 印刷の汚れや乱丁，筆記用具の不具合などで必要のある場合は，手をあげて試験担当者に合図をしてください。
- 下敷きは，机の不良などで特に許されたもの以外は使用してはいけません。
- 計算用具(そろばん・計算機能のみの電卓など)を使用してもかまいません。
- 解答用紙は，持ち帰りできませんので白紙の場合でも必ず提出してください。

  解答用紙を持ち帰った場合は失格となり，以後の受験をお断りする場合があります。
- **簿記上本来赤で記入する箇所も黒で記入すること。**
- **金額には3位ごとのカンマ「，」を記入すること。**

  ただし，位取りのけい線のある解答用紙にはカンマを記入しないこと。

  また，カンマは数字の下側に左向き，小数点は数字の下側に右向きで記入し，明確に区別できるようにすること。

全3ページ ①

第9回簿記能力検定試験模擬問題
3級　商業簿記

解答は解答用紙に

第1問　次の取引を仕訳しなさい。勘定科目は，下の中から最も適切と思われるものを選ぶこと。なお，とくに指示がない限り，消費税は考えない。（28点）

現　　　金	当 座 預 金	普 通 預 金	受 取 手 形
売 掛 金	有 価 証 券	未 収 金	貸 付 金
手 形 貸 付 金	支 払 手 付 金	仮 払 消 費 税	支 払 手 形
買 掛 金	未 払 金	借 入 金	手 形 借 入 金
受 取 手 付 金	所 得 税 預 り 金	仮 受 消 費 税	資 本 金
繰越利益剰余金	売　　　　上	受 取 利 息	仕　　　入
給　　　料	租 税 公 課	支 払 利 息	貸 倒 損 失

1．(株)塩尻商事より現金￥4,000,000を借り入れ，借用証書の代用として約束手形を振り出した。

2．小笠原工業株式会社の株式を￥7,180,000で購入し，代金は，証券会社への手数料￥50,000とともに後日支払うこととした。

3．当期に生じた長野商店に対する売掛金￥460,000が，回収不能となったので，その処理を行う。

4．仕入先肥後商店からA商品￥818,400（うち消費税額￥74,400）を仕入れ，代金のうち￥380,000は現金で支払い，残額は掛けとした。なお，消費税を税抜方式で処理する。

5．従業員への給料￥717,000の支払いに際して，所得税の源泉徴収額￥50,000を差し引き，当座預金口座から口座振込で支払った。

6．固定資産税￥74,000が普通預金口座より引き落とされた。

7．仕入先石川商店にB商品90個（単価￥10,500）を発注し，その手付けとして現金￥80,000を支払った。

第2問　次の資料によって，（ア）当期純利益・（イ）期末純資産（期末資本）・（ウ）期末負債の各金額を求めなさい。なお，当期中に損益取引以外の取引により生じた純資産の変動はなく，空欄は各自求めること。（12点）

期　首　貸　借　対　照　表

資　　産	（　　　　　）	負　　債	9,470,000
		純資産（資本）	（　　　　　）
	22,540,000		（　　　　　）

損　益　計　算　書

費　　用	37,410,000	収　　益	（　　　　　）
当 期 純 利 益	（　ア　）		
	（　　　　　）		39,020,000

期　末　貸　借　対　照　表

資　　産	（　　　　　）	負　　債	（　ウ　）
		純資産（資本）	（　イ　）
			25,560,000

66

第3問　次の入金伝票・振替伝票の記入を解答欄に示した各元帳に記入しなさい。（12点）

入金伝票	No. 33	承認印	西	主帳印		会計印	南	係印	東

令和 ×年10月15日

コード	01 － 350	入金先	津商店			様

勘 定 科 目	摘　　要	金　　額
売　掛　金	得意先係 山本集金	6 4 8 0 0 0 －
合　　計		¥ 6 4 8 0 0 0 －

振　替　伝　票	No. 92	承認印	西	主帳印		係印	東

令和 ×年 10月 30日

金　　額	借方科目	摘　　要	貸方科目	金　　額
8 4 0 0 0 0	売 掛 金	津商店への売上	売　上	8 4 0 0 0 0
¥ 8 4 0 0 0 0		合　　計		¥ 8 4 0 0 0 0

第4問　C商品の仕入と払出についての記録にもとづいて，商品有高帳に記入しなさい。商品の払出単価の算定は，先入先出法によっている。なお，商品有高帳は月末の締め切りも行うこと。(16点)

【C商品の仕入と払出の記録】

6月　1日　(月初)前月繰越：C商品　@￥500，200個

　　　2日　呉商店からC商品を@￥480で300個仕入れ，代金は掛けとした。

　　12日　福山商店にC商品を@￥900で400個売り渡し，代金は掛けとした。

　　16日　呉商店からC商品を@￥506で200個仕入れ，代金は掛けとした。

　　22日　尾道商店にC商品を@￥920で150個売り渡し，代金は掛けとした。

第5問　決算にあたって修正すべき次の事項(決算整理事項)にもとづいて，舞鶴商事株式会社(会計期間は令和○年1月1日〜令和○年12月31日)の精算表を完成しなさい。(32点)

決算整理事項

1．期末商品棚卸高　　　　￥216,000

2．貸倒引当金　　　　　　売掛金の期末有高に2.0％の貸倒れを見積もる。差額補充法により処理する。

3．備品：減価償却　　　　備品は，当期首に，￥555,000で購入し，直ちに使用した。
　　　　　　　　　　　　　耐用年数10年，残存価額はゼロ円と見積もられ，定額法により減価償却を行う。
　　　　　　　　　　　　　なお，直接法により記帳する。

4．現金過不足の残高は，原因不明につき，雑損として処理する。

5．消耗品の未使用高　　　￥　8,200

6．広告費の未払高　　　　￥145,000

※氏名は記入しないこと。

| 会場コード |
| 受験番号 |

第9回簿記能力検定試験模擬問題
3級 商業簿記
解答用紙

制限時間
【1時間30分】

第1問採点

第1問 （28点）

	借 方		貸 方	
	勘 定 科 目	金 額	勘 定 科 目	金 額
1				
2				
3				
4				
5				
6				
7				

第2問採点

第2問 （12点）

（ア）	¥	（イ）	¥	（ウ）	¥

第3問　（12点）

第3問採点

【注】丁数欄の「振」は振替伝票,「入」は入金伝票を示す。　[注意]（　）には相手勘定科目を記入すること。

〈4〉　　　　　　　　　　　　　　　　　　売　　掛　　金

令和×年		摘　　要	丁数	借　　方	日付		摘　　要	丁数	貸　　方
10	7	前 頁 繰 越	✔	1,348,000	10	15	（　　　　　　）	入33	[　　　　　]
	30	（　　　　　　）	振92	[　　　　　]					

〈01-350〉　　　　　　　　　　　　　　　　津　　商　　店

令和×年		摘　　要	丁数	借　　方	貸　　方	借または貸	残　　高
10	1	前 月 繰 越	✔	848,000		借	848,000
	15	山本集金, 領収書 No.223	入33		[　　　]	〃	[　　　]
	30	売 り 上 げ	振92	[　　　]		〃	[　　　]

第4問　（16点）

第4問採点

商 品 有 高 帳
C 商 品

令和○年		摘　　　要	受　　入			払　　出			残　　高		
			数量	単価	金　額	数量	単価	金　額	数量	単価	金　額
6	1	前 月 繰 越	200	500	100,000				200	500	100,000
	2	呉 商 店									
	30	次 月 繰 越									
7	1	前 月 繰 越									

第5問 （32点）

精　算　表

勘定科目	残高試算表		修正記入		損益計算書		貸借対照表	
	借　方	貸　方	借　方	貸　方	借　方	貸　方	借　方	貸　方
現　　金	1,817,000							
現金過不足	3,800							
当座預金	989,000							
売　掛　金	410,000							
貸倒引当金		3,300						
繰越商品	275,000							
前　払　金	30,000							
備　　品	555,000							
買　掛　金		325,000						
借　入　金		400,000						
資　本　金		2,000,000						
繰越利益剰余金		560,000						
売　　上		5,207,500						
受取利息		300,000						
仕　　入	3,281,000							
給　　料	600,000							
広　告　費	120,000							
交　通　費	292,000							
通　信　費	82,000							
消耗品費	52,000							
支払家賃	199,000							
水道光熱費	81,000							
支払利息	9,000							
	8,795,800	8,795,800						
貸倒引当金繰入								
減価償却費								
雑　　損								
消　耗　品								
未払広告費								
当期純利益								

解答は，すべて解答用紙に記入して必ず提出してください。

第10回簿記能力検定試験模擬問題
問題用紙

3級　商業簿記

問題用紙（計算用紙含）は回収します。持ち帰り厳禁です。

注　　意

- ・試験開始の合図があるまで，問題用紙は開かないでください。
- ・この試験の制限時間は1時間30分です。
- ・解答は，問題の指示にしたがい，すべて解答用紙の指定の位置に記入してください。
- ・解答用紙の会場コードは，試験担当者が指示した6桁の数字を頭の0（ゼロ）を含めてすべて書いてください。

  受験番号は右寄せで書いてください。左の空白欄への0（ゼロ）記入は不要です。

  受験番号1番の場合，右寄せで1とだけ書いてください。

  受験番号90001番の場合，右寄せで90001とだけ書いてください。

  受験番号を記入していない場合や，氏名を記入した場合には，採点の対象とならない場合があります。
- ・印刷の汚れや乱丁，筆記用具の不具合などで必要のある場合は，手をあげて試験担当者に合図をしてください。
- ・下敷きは，机の不良などで特に許されたもの以外は使用してはいけません。
- ・計算用具（そろばん・計算機能のみの電卓など）を使用してもかまいません。
- ・解答用紙は，持ち帰りできませんので白紙の場合でも必ず提出してください。

  解答用紙を持ち帰った場合は失格となり，以後の受験をお断りする場合があります。
- ・**簿記上本来赤で記入する箇所も黒で記入すること。**
- ・**金額には3位ごとのカンマ「，」を記入すること。**

  ただし，位取りのけい線のある解答用紙にはカンマを記入しないこと。

  また，カンマは数字の下側に左向き，小数点は数字の下側に右向きで記入し，明確に区別できるようにすること。

第10回簿記能力検定試験模擬問題
3級　商業簿記

解答は解答用紙に

第1問　次の取引を仕訳しなさい。勘定科目は，下の中から最も適切と思われるものを選ぶこと。なお，とくに指示がない限り，消費税は考えない。（28点）

現　　金	当 座 預 金	普 通 預 金	定 期 預 金
受 取 手 形	売 掛 金	有 価 証 券	前 払 金
仮 払 金	仮 払 消 費 税	備　　品	車 両 運 搬 具
支 払 手 形	買 掛 金	借 入 金	所 得 税 預 り 金
仮 受 金	仮 受 消 費 税	資 本 金	繰 越 利 益 剰 余 金
売　　上	受 取 利 息	仕　　入	給　　料
支 払 利 息	貸 倒 損 失	貸 倒 引 当 金	損　　益

1．株式会社設立に際し，株式を発行し，発行価額総額￥10,000,000が当座預金口座に払い込まれた。

2．本日，定期預金（6ヵ月満期）￥5,000,000が満期となり，定期預金口座から￥5,000,000とほかに満期利息額￥250が普通預金口座に振り替えられた。

3．横浜商店からA商品￥330,000（うち消費税額￥30,000）を仕入れ，その代金は消費税を含めて掛けとした。なお，消費税を税抜方式で処理する。

4．かねて鳴門商事株式会社に掛けで販売していた商品￥900,000のうち￥45,000が返品されてきた。

5．従業員への給料￥400,000の支払いに際して，所得税の源泉徴収額￥33,000を差し引き，普通預金口座から口座振込で支払った。

6．長野建設株式会社において，当期純利益￥400,000が算定された。

7．前期に生じた東法株式会社に対する売掛金￥160,000が回収不能となった。ただし，貸倒引当金勘定の残高は￥40,000である。

第2問　次の①の場合の（ア）と（イ），②の場合の（ウ）と（エ）に当てはまる金額を計算しなさい。なお，②については，損益取引以外の取引により生じた純資産の変動はないものとする。（16点）

（単位：円）

	期首商品棚卸高	純仕入高	期末商品棚卸高	売上原価	純売上高	売上総利益
①	950,000	20,060,000	1,028,000	（ア）	28,240,000	（イ）
	期首資産	期首負債	期末純資産	総収益	総費用	当期純利益
②	（ウ）	18,030,000	36,380,000	26,330,000	22,970,000	（エ）

第3問　次の各種伝票の記入を解答用紙の各勘定口座（Tフォーム）の空欄に転記しなさい。なお，口座の（　　）には相手勘定，[　　]には金額を記入すること。（12点）

入 金 伝 票		No. 15	承認印	西	主帳印		会計印	南	係印	東
令和 ○ 年 9 月 9 日										

科目	売 掛 金	入金先	函館商店	殿

摘　　　　　要	金　　　額
売掛金の回収	1 9 0 0 0 0
合　　　計	¥ 1 9 0 0 0 0

出 金 伝 票		No. 29	承認印	西	主帳印		会計印	南	係印	東
令和 ○ 年 9 月 15 日										

科目	仕 　 入	支払先	青森商店	殿

摘　　　　　要	金　　　額
商品の仕入代金の支払い	2 6 0 0 0 0
合　　　計	¥ 2 6 0 0 0 0

振 替 伝 票		No. 52	承認印	西	主帳印		係印	東
令和 ○ 年 9 月 27 日								

金　　　額	借方科目	摘　　要	貸方科目	金　　　額
4 0 0 0 0 0	備　品	事務用整理棚の購入	未 払 金	4 0 0 0 0 0
¥ 4 0 0 0 0 0		合　　　計		¥ 4 0 0 0 0 0

第4問　次の取引を小口現金出納帳に記入して締め切りなさい。なお，小口現金係は，定額資金前渡制（インプレスト・システム）により毎週金曜日の終業時にその週の支払いを報告し，資金の補給を受けている。（12点）

　　9月25日（火）　インクカートリッジ代　　￥8,700
　　　　26日（水）　携帯端末通信料金　　　　￥7,200
　　　　27日（木）　プリンター用紙代　　　　￥1,900
　　　　28日（金）　バスの回数券代　　　　　￥3,400
　　　　28日（金）　接待用お茶代　　　　　　￥4,300

第5問　決算にあたって修正すべき次の事項（決算整理事項）にもとづいて，新宿商事株式会社（会計期間は令和○年4月1日～令和○年3月31日）の精算表を完成しなさい。（32点）

決算整理事項

　1．期末商品棚卸高　　　　￥410,000
　2．貸倒引当金　　　　　　売掛金の期末有高に1.0％の貸倒れを見積もる。差額補充法により処理する。
　3．備品：減価償却　　　　備品は当期首に購入し，直ちに使用に供したものであり，定額法により減価償却費の計算を行い，直接法により記帳する。
　　　　　　　　　　　　　　なお，備品の取得原価は￥2,000,000であり，耐用年数は5年，残存価額はゼロと見積もられている。
　4．消耗品の未使用高　　　￥13,000
　5．給料の未払高　　　　　￥81,000
　6．家賃の前払高　　　　　￥30,000

※氏名は記入しないこと。

会場コード			
受験番号			

第10回簿記能力検定試験模擬問題
③級 商業簿記
解答用紙

得　点
点

制限時間
【1時間30分】

第1問採点

第1問 （28点）

	借　　方		貸　　方	
	勘　定　科　目	金　　額	勘　定　科　目	金　　額
1				
2				
3				
4				
5				
6				
7				

第2問採点

第2問 （16点）

（ア）	売　上　原　価	¥
（イ）	売　上　総　利　益	¥
（ウ）	期　首　資　産	¥
（エ）	当　期　純　利　益	¥

第3問採点

第3問 （12点）

〈　〉の番号は伝票のNo.を示す。

現	金		

| 9/9 （　　　　） 〈15〉 ［　　　　　　］ | 9/15 （　　　　） 〈29〉 ［　　　　　　］ |

売	掛	金	

| | 9/9 （　　　　） 〈15〉 ［　　　　　　］ |

備	品		

| 9/27 （　　　　） 〈52〉 ［　　　　　　］ | |

未	払	金	

| | 9/27 （　　　　） 〈52〉 ［　　　　　　］ |

仕	入		

| 9/15 （　　　　） 〈29〉 ［　　　　　　］ | |

第4問　（12点）

小 口 現 金 出 納 帳

受　　入	令和○	年	摘　　要	支　　払	内　　　訳 通信費	交通費	消耗品費	雑　　費	残　　高
40,000	9	24	前 週 繰 越						40,000
			合　　　計						
		28	本 日 補 給						
		〃	**次 週 繰 越**						
	10	1	前 週 繰 越						

第5問 （32点）

精　算　表

勘定科目	残高試算表		修正記入		損益計算書		貸借対照表	
	借　方	貸　方	借　方	貸　方	借　方	貸　方	借　方	貸　方
現　　　金	1,240,000							
当 座 預 金	1,230,000							
普 通 預 金	1,164,000							
売 　掛　 金	920,000							
貸倒引当金		5,000						
有 価 証 券	710,000							
繰 越 商 品	440,000							
貸 　付　 金	700,000							
備　　　品	2,000,000							
買 　掛　 金		445,000						
前 　受　 金		78,000						
借 　入　 金		900,000						
資 　本　 金		5,000,000						
繰越利益剰余金		1,030,000						
売　　　上		8,429,000						
受 取 利 息		7,000						
仕　　　入	5,430,000							
給　　　料	1,053,000							
交 　通　 費	71,000							
通 　信　 費	119,000							
消 耗 品 費	74,000							
支 払 家 賃	483,000							
水 道 光 熱 費	82,000							
租 税 公 課	75,000							
支 払 利 息	103,000							
	15,894,000	15,894,000						
貸倒引当金繰入								
減価償却費								
消 　耗　 品								
未 払 給 料								
前 払 家 賃								
当期純利益								

80

第1問（4点×7箇所＝28点）

	借　　方		貸　　方		
	勘定科目	金額	勘定科目	金額	
1	当座預金	8,000,000	資本金	8,000,000	④
2	仕入 仮払消費税	160,000 16,000	買掛金	176,000	④
3	現金 売掛金	100,000 190,000	売上	290,000	④
4	貸倒損失	140,000	売掛金	140,000	④
5	給料	240,000	所得税預り金 現金	32,000 208,000	④
6	仮払金	70,000	現金	70,000	④
7	備品	350,000	未払金	350,000	④

解説

1．株式会社の設立時には，原則として発行した株式の払込金額全額を資本金とする。

2．仕入価額または販売価額と消費税額を分けて処理する方法を税抜方式という。商品を仕入れたさいには，仕入先に消費税を仮払いし，その金額は仮払消費税勘定で処理する。また，商品を得意先などへ販売したさいには，消費税を仮受けして，その金額は仮受消費税勘定で処理する。商品を販売したさいの仕訳は以下のようになる。

　（借）売掛金など　×××　（貸）売　　上　×××
　　　　　　　　　　　　　　　仮受消費税　×××

3．商品の販売価格は¥290,000で，現金で受け取ったのは¥100,000なので，売掛金勘定で処理すべき金額は¥190,000（＝¥290,000－¥100,000）と判明する。

4．当期に生じた売掛金が貸し倒れた場合には，貸倒引当金勘定ではなく貸倒損失勘定で処理する。貸倒引当金は，前期以前に発生した受取手形や売掛金などを対象として設定されたものだからである。

5．源泉所得税¥32,000については，所得税預り金勘定で処理する。

6．勘定科目が定まっていても，金額が確定していない場合の現金の支払いについては，仮払金勘定で処理する。たとえばこの後，実際の旅費が¥50,000と確定した場合には，以下の仕訳がおこなわれる。

　（借）旅　　費　50,000　（貸）仮　払　金　70,000
　　　現　　金　20,000

7．ガラスショーケースについては備品勘定で処理し，商品の仕入れ以外の未払いについては，未払金勘定で処理する。

第2問 （4点×4箇所＝16点）

（ア）	期　首　資　産	¥	37,960,000	④
（イ）	当　期　純　利　益	¥	2,110,000	④
（ウ）	売　上　原　価	¥	10,507,000	④
（エ）	売　上　総　利　益	¥	3,753,000	④

解　説

（ア）・（イ）

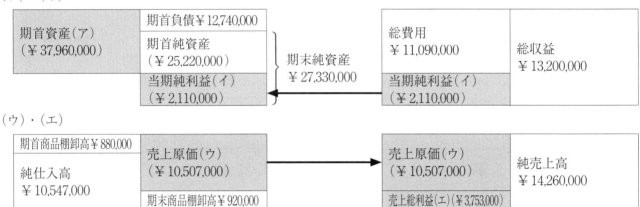

（ウ）・（エ）

第3問 （4点×3箇所＝12点）

		現		金				
1/16	（**前　受　金**）〈 22 〉 ［	70,000 ］	1/23	（**買　掛　金**）〈 25 〉 ［	605,000 ］	④

		仮　払　消　費　税	
1/8	（**買　掛　金**）〈 17 〉 ［	55,000 ］	

		買	掛	金		
1/23	（**現　　　金**）〈 25 〉 ［	605,000 ］	1/8	（**諸　　　口**）〈 17 〉 ［	605,000 ］

		前	受	金		
			1/16	（**現　　　金**）〈 22 〉 ［	70,000 ］	④

		仕		入	
④	1/8	（**買　掛　金**）〈 17 〉 ［	550,000 ］	

解　説

・1月8日に起票された取引を仕訳にすると，以下のようになる。
（借)仕　　　　入　550,000　（貸)買　掛　金　605,000
　　仮払消費税　　55,000
したがって仕入勘定の借方に¥550,000　仮払消費税勘定の借方に¥55,000　買掛金勘定の貸方に¥605,000を記入する。

・1月16日に起票された取引を仕訳にすると，以下のようになる。
（借)現　　　　金　70,000　（貸)前　受　金　70,000
したがって現金勘定の借方に¥70,000　前受金勘定の貸方に¥70,000を記入する。

・1月23日に起票された取引を仕訳にすると，以下のようになる。
（借)買　掛　金　605,000　（貸)現　　　　金　605,000
したがって買掛金勘定の借方に¥605,000　現金勘定の貸方に¥605,000を記入する。

第4問 （4点×3箇所＝12点）

小 口 現 金 出 納 帳

受　　入	令○	和年	摘　　要	支　　払	通信費	交通費	消耗品費	雑　　費	残　　高	
30,000	12	15	前 週 繰 越						30,000	
		〃	接 待 用 お 茶 代	3,210				3,210	26,790	④
		16	ボ ー ル ペ ン 代	1,440			1,440		25,350	
		17	携 帯 電 話 通 話 料	8,560	8,560				16,790	
		18	コ ピ ー 用 紙 代	1,530			1,530		15,260	
		〃	バ ス の 回 数 券 代	2,400		2,400			12,860	
			合　　　計	17,140	8,560	2,400	2,970 ④	3,210		
④ 17,140		19	本 日 補 給						30,000	
		〃	次 週 繰 越	30,000						
47,140				47,140						
30,000	12	22	前 週 繰 越						30,000	

解　説

　定額資金前渡制（インプレスト・システム）を採用しているので，消費した小口現金の金額に相当する金額が週末に補給されることになる。したがって，12月15日に前週から繰り越された¥30,000と同額が，翌週に繰り越されていくことになる。

　接待用お茶代は雑費，ボールペン代は消耗品費，携帯電話通話料は通信費，コピー用紙代は消耗品費，バスの回数券代は交通費として処理する。これらの支払いをおこなう度に小口現金係（または庶務係）は小口現金出納帳に記入し，残高欄の金額は減少していくことになる。

　週末に小口現金係は会計係に小口現金の支払内容を報告し，会計係から支払額に相当する金額の補給を受ける。一般に小口現金の補給は小切手でなされるので，そのさいの仕訳は以下のようになる。

(借)通　信　費　8,560　(貸)小 口 現 金　17,140
　　交　通　費　2,400
　　消 耗 品 費　2,970
　　雑　　　費　3,210
(借)小 口 現 金　17,140　(貸)当 座 預 金　17,140

第5問 （4点×8箇所＝32点）

精　算　表

勘定科目	残高試算表		修正記入		損益計算書		貸借対照表	
	借　方	貸　方	借　方	貸　方	借　方	貸　方	借　方	貸　方
現　　　金	3,540,000						3,540,000	
現金過不足	2,000			2,000				
当座預金	1,560,000						1,560,000	
売　掛　金	340,000						340,000	
貸倒引当金		1,700		1,700				3,400 ④
有価証券	1,200,000						1,200,000	
繰越商品	290,000		400,000	290,000			400,000 ④	
貸　付　金	150,000						150,000	
備　　　品	1,000,000			125,000			875,000 ④	
買　掛　金		620,000						620,000
未　払　金		87,000						87,000
借　入　金		390,000						390,000
資　本　金		5,000,000						5,000,000
繰越利益剰余金		990,000						990,000
売　　　上		5,834,000				5,834,000		
受取利息		5,300				5,300		
仕　　　入	3,160,000		290,000	400,000	3,050,000 ④			
給　　　料	870,000		40,000		910,000 ④			
広　告　費	87,000				87,000			
交　通　費	91,000				91,000			
通　信　費	62,000				62,000			
消耗品費	8,000				8,000			
保　険　料	488,000			60,000	428,000			
水道光熱費	76,000				76,000			
支払利息	4,000				4,000			
	12,928,000	12,928,000						
貸倒引当金繰入			1,700		1,700			
減価償却費			125,000		125,000			
雑　　　損			2,000		2,000 ④			
前払保険料			60,000				60,000 ④	
未払給料				40,000				40,000
当期純利益					994,600			994,600 ④
			918,700	918,700	5,839,300	5,839,300	8,125,000	8,125,000

解　説

決算整理仕訳は以下のようになる。

1．（借）仕　　　　　入　290,000　（貸）繰　越　商　品　290,000
　　（借）繰　越　商　品　400,000　（貸）仕　　　　　入　400,000
2．（借）貸倒引当金繰入　1,700　（貸）貸　倒　引　当　金　1,700
3．（借）減　価　償　却　費　125,000　（貸）備　　　　　品　125,000
4．（借）雑　　　　　損　2,000　（貸）現　金　過　不　足　2,000
5．（借）前　払　保　険　料　60,000　（貸）保　　　険　　　料　60,000
6．（借）給　　　　　料　40,000　（貸）未　払　給　料　40,000

第1問（4点×7箇所＝28点）

	借　　方		貸　　方		
	勘　定　科　目	金　　額	勘　定　科　目	金　　額	
1	普　通　預　金	2,800,000	資　　本　　金	2,800,000	④
2	現　　　　　金 売　　掛　　金 売　上　原　価	128,000 100,000 163,400	売　　　　　上 商　　　　　品	228,000 163,400	④
3	有　価　証　券	410,000	普　通　預　金	410,000	④
4	貸　倒　損　失	302,000	売　　　掛　　　金	302,000	④
5	現　　　　　金	200,000	前　　受　　金	200,000	④
6	給　　　　　料	250,000	所　得　税　預　り　金 当　座　預　金	20,000 230,000	④
7	仮　　払　　金	56,000	現　　　　　金	56,000	④

解説

1．株式会社の設立時には，払い込まれた金額の全額を資本金として処理するのが原則である。

2．問題文の条件より，商品売買を売上原価対立法によって記帳していることがわかる。売上原価対立法では，商品販売時に売上を計上するとともに，商品勘定で処理していた当該商品の原価を売上原価勘定に振り替える。本問では，売上￥228,000（＝売価@￥1,200 × 190 個）を計上すると同時に，A商品の原価￥163,400（＝原価@￥860 × 190 個）を商品勘定から売上原価勘定に振り替える。

3．株式や社債，国債や地方債などについては有価証券勘定で処理する。

4．当期に生じた売掛金が貸し倒れた場合には，貸倒引当金勘定ではなく貸倒損失勘定で処理する。貸倒引当金は，前期以前に発生した受取手形や売掛金などを対象として設定されるものだからである。もし前期以前に発生した売掛金が貸し倒れて，貸倒引当金が十分に設定されていれば，以下の仕訳がなされる。

（借）貸倒引当金　×××　（貸）売　掛　金　×××

5．予約販売では代金の一部または全部を受け取っていても，商品を引き渡さなければ売上を計上することはできない。したがって，予約金として受け取った￥200,000（＝@￥2,000 × 100 個）については，実際に商品を引き渡すまで前受金勘定で処理する。

6．企業は給料を支払うさいに，あらかじめ税務署に納付する所得税額を源泉徴収して，従業員の代わりに税務署に納付する。源泉所得税￥20,000については，所得税預り金勘定で処理する。

7．勘定科目が定まっていても，金額が確定していない場合の現金の支払いについては，仮払金勘定で処理する。たとえばこの後，実際の旅費が￥40,000と確定した場合には，以下の仕訳がおこなわれる。

（借）旅　　　費　40,000　（貸）仮　払　金　56,000
　　　現　　　金　16,000

第2問 （4点×4箇所＝16点）

（ア）¥ 6,000,000 ④	（イ）¥ 3,200,000 ④	（ウ）¥ 9,200,000 ④	（エ）¥ 9,800,000 ④

解説

（ア）¥15,000,000 － ¥9,000,000 ＝ ¥6,000,000

（イ）¥19,600,000 － ¥16,400,000 ＝ ¥3,200,000

（ウ）期首純資産（期首資本）＋当期純利益＝期末純資産（期末資本）

　　　¥6,000,000 ＋ ¥3,200,000 ＝ ¥9,200,000

（エ）¥19,000,000 － ¥9,200,000 ＝ ¥9,800,000

第3問 （4点×3箇所＝12点）

現　　金

④ 11/10 （**売 掛 金**）〈 30 〉 [**240,000**]　11/13 （**仕 　 入**）〈 15 〉 [370,000]

売　掛　金

11/10 （**現 　 金**）〈 30 〉 [240,000]

支　払　手　形

11/18 （**買 掛 金**）〈 45 〉 [500,000] ④

買　掛　金

11/18 （**支払手形**）〈 45 〉 [500,000]

仕　　入

④ 11/13 （**現 　 金**）〈 15 〉 [370,000]

解説

・11月10日の取引を仕訳にすると以下のようになる。

　（借）現　　金 240,000 （貸）売 掛 金 240,000

　したがって現金勘定の借方に¥240,000　売掛金勘定の貸方に¥240,000を記入する。

・11月13日の取引を仕訳にすると以下のようになる。

　（借）仕　　入 370,000 （貸）現　　金 370,000

　したがって仕入勘定の借方に¥370,000　現金勘定の貸方に¥370,000を記入する。

・11月18日の取引を仕訳にすると以下のようになる。

　（借）買 掛 金 500,000 （貸）支 払 手 形 500,000

　したがって買掛金勘定の借方に¥500,000　支払手形勘定の貸方に¥500,000を記入する。

第4問 （4点×3箇所＝12点）

商品有高帳
C 商品

令和○年		摘 要	受 入			払 出			残 高		
			数量	単価	金 額	数量	単価	金 額	数量	単価	金 額
7	1	前 月 繰 越	100	380	38,000				100	380	38,000
	9	島 根 商 店	250	400	100,000				100	380	38,000
									250	400	100,000
	14	山 口 商 店				④ 100	380	38,000			
						50	400	20,000	200	400	80,000
	19	福 岡 商 店	100	410	41,000	④			200	400	80,000
									100	410	41,000
	28	神 奈 川 商 店				200	400	80,000			
						20	410	8,200	80	410	32,800 ④
	31	払 出 合 計				370		146,200			
	〃	次 月 繰 越				80	410	32,800			
			450		179,000	450		179,000			
8	1	前 月 繰 越	80	410	32,800				80	410	32,800

解 説

　先入先出法にもとづいた商品有高帳の記入が問われている。先に仕入れた商品から先に払い出されていくという仮定にもとづいて商品有高帳に記入していくので，残高欄には常に先に仕入れた商品の数量・単価・金額を記入するように注意する。

　7月9日の取引でいえば，島根商店から@¥400の商品を250個仕入れたので，受入欄に記入するとともに，残高欄には前月繰越の@¥380　100個の商品の下の行に記入することに注意する。

　7月14日には山口商店に商品を150個売り渡しているが，先入先出法なので，先に前月繰越の100個を払い出し，残り50個については7月9日に島根商店から仕入れた分の商品を払い出すと仮定することになる。

　7月19日には新たに福岡商店から@¥410の商品を100個仕入れている。受入欄に記入するとともに，残高欄には7月9日に島根商店から仕入れた商品の下の行に記入することに注意する。

　7月28日には神奈川商店に商品を220個売り渡しているが，先入先出法なので，先に7月9日に島根商店から仕入れた商品200個を払い出し，残り20個については福岡商店から7月19日に仕入れた分を払い出すと仮定して記入する。

　なお，先入先出法については，以下のようなボックス図を書いて，次月繰越高が商品有高帳の金額と一致するかどうかを確認することによって，解答チェックをすることができる。

C 商 品

前月繰越 @¥380　100個	7月14日　払出分 150個
7月9日仕入高 @¥400　250個	7月28日　払出分 220個
7月19日仕入高 @¥410　100個	次月繰越 (@¥410)(80個)

月末に残った80個はすべて7月19日に仕入れた商品であることが確認できる。

第5問 （4点×8箇所＝32点）

精　算　表

勘定科目	残高試算表 借方	残高試算表 貸方	修正記入 借方	修正記入 貸方	損益計算書 借方	損益計算書 貸方	貸借対照表 借方	貸借対照表 貸方	
現　　金	2,440,000						2,440,000		
現金過不足	5,000			5,000					
当座預金	960,000						960,000		
売　掛　金	560,000						560,000		
貸倒引当金		2,200		9,000				11,200	④
有価証券	1,390,000						1,390,000		
繰越商品	310,000		370,000	310,000			370,000		④
貸　付　金	200,000						200,000		
備　　品	1,400,000			280,000			1,120,000		④
買　掛　金		780,000						780,000	
未　払　金		42,000						42,000	
借　入　金		800,000						800,000	
資　本　金		4,000,000						4,000,000	
繰越利益剰余金		1,300,000						1,300,000	
売　　上		3,703,000				3,703,000			
受取利息		4,800				4,800			
仕　　入	1,970,000		310,000	370,000	1,910,000				④
給　　料	710,000				710,000				
広　告　費	96,000		70,000		166,000				④
交　通　費	53,000				53,000				
通　信　費	111,000				111,000				
消耗品費	4,000				4,000				
支払家賃	338,000			30,000	308,000				
水道光熱費	78,000				78,000				
支払利息	7,000				7,000				
	10,632,000	10,632,000							
貸倒引当金繰入			9,000		9,000				
減価償却費			280,000		280,000				
雑　　損			5,000		5,000				④
前払家賃			30,000				30,000		④
未払広告費				70,000				70,000	
当期純利益					66,800			66,800	④
			1,074,000	1,074,000	3,707,800	3,707,800	7,070,000	7,070,000	

解　説

決算整理仕訳は以下のようになる。

1．（借）仕　　　　　入　310,000　（貸）繰　越　商　品　310,000
　　（借）繰　越　商　品　370,000　（貸）仕　　　　　入　370,000
2．（借）貸倒引当金繰入　9,000　（貸）貸　倒　引　当　金　9,000
3．（借）減　価　償　却　費　280,000　（貸）備　　　　　品　280,000
4．（借）雑　　　　　損　5,000　（貸）現　金　過　不　足　5,000
5．（借）前　払　家　賃　30,000　（貸）支　払　家　賃　30,000
6．（借）広　　　告　　　費　70,000　（貸）未　払　広　告　費　70,000

第1問（4点×7箇所＝28点）

	借　　　方		貸　　　方		
	勘　定　科　目	金　　額	勘　定　科　目	金　　額	
1	現　　　　　金	1,200,000	借　　入　　金	1,200,000	④
2	現　　　　　金 建　　　　　物	1,000,000 5,000,000	資　　本　　金	6,000,000	④
3	給　　　　　料	240,000	所 得 税 預 り 金 現　　　　　金	30,000 210,000	④
4	仕　　　　　入 仮 払 消 費 税	1,870,000 187,000	支 払 手 付 金 買　　掛　　金	600,000 1,457,000	④
5	普　通　預　金	312,000	有 価 証 券 有 価 証 券 売 却 益	250,000 62,000	④
6	備　　　　　品	470,000	当　座　預　金	470,000	④
7	手 形 貸 付 金	1,300,000	現　　　　　金	1,300,000	④

解説

1．銀行から借用証書によって金銭を借り入れた場合には借入金勘定で処理する。一方，約束手形を振り出して金銭を借り入れた場合には手形借入金勘定で処理する。

2．会社を設立するさいには，現金などの金銭出資以外に建物や備品などの現物出資も認められている。

3．所得税の源泉徴収額¥30,000については，所得税預り金勘定で処理する。

4．売上高や仕入高などの取引価額と消費税額を分けて処理する方法を税抜方式という。この問題では仕入時点での税抜方式の仕訳処理が問われているので，仕入先への消費税の仮払額¥187,000を仮払消費税勘定で処理することになる。

　　一方，販売時点の税抜方式での処理は，以下のような仕訳となる。

　(借)売掛金など　×××　　(貸)売　　　　上　×××
　　　　　　　　　　　　　　　　仮受消費税　×××

5．帳簿価額¥250,000の株式を¥312,000で売却したので，その差額¥62,000(＝¥312,000－¥250,000)は，有価証券売却益勘定で処理する。

普通預金(売却価額) ¥312,000	有価証券の帳簿価額 ¥250,000
	有価証券売却益 ¥ 62,000

6．事務用のコンピュータ・事務用整理棚・カラーコピー機などについては備品勘定で処理する。

7．振り出された手形を受け取って金銭を貸し付けた場合には，手形貸付金勘定で処理する。

第2問 （4点×4箇所＝16点）

（ア）	純 仕 入 高	¥	18,842,000	④
（イ）	売 上 総 利 益	¥	8,710,000	④
（ウ）	期 首 資 産	¥	34,706,000	④
（エ）	総 費 用	¥	9,446,000	④

解 説

（ア）・（イ）

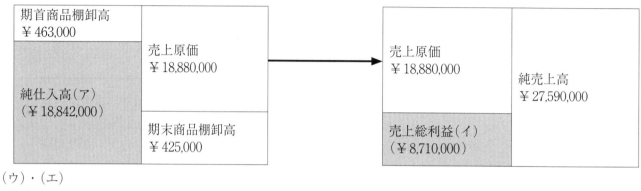

（ウ）・（エ）

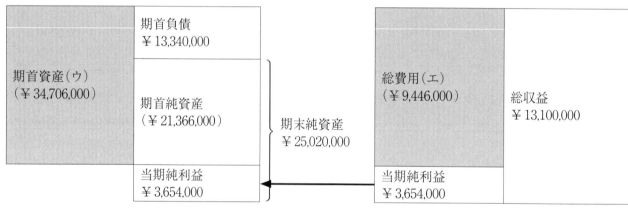

第3問 （4点×3箇所＝12点）

〈12〉

買　掛　金

	令和○年		摘　　要	丁数	借　　方		日付	摘　　　要	丁数	貸　　方
④	9	15	（ 現　　金 ）	出18	[150,000]		9　1	前　頁　繰　越	✓	250,000
							24	（ 仕　　入 ）	振34	[300,000]

〈02-165〉

鎌　倉　商　店

令和○年		摘　　要	丁数	借　　方	貸　　方	借または貸	残　　高	
9	1	前　月　繰　越	✓		200,000	貸	200,000	
	15	山田支払, 領収書 No.18	出18	[150,000]		〃	[50,000]	④
	24	仕　　　　　入	振34		[300,000]	〃	[350,000]	④

解説

9月15日の取引については, 仕訳にすると以下のようになる。

(借)買　掛　金　150,000　(貸)現　　　金　150,000

したがって, 買掛金勘定の借方に¥150,000を記入するとともに, 鎌倉商店勘定の借方にも¥150,000を記入する。出金伝票の記入状況から, 9月15日には鎌倉商店に対する買掛金を仕入先係の「山田」が現金によって支払ったことがわかる。

9月24日の取引については, 仕訳にすると以下のようになる。

(借)仕　　　入　500,000　(貸)前　払　金　200,000
　　　　　　　　　　　　　　　　　買　掛　金　300,000

したがって, 買掛金勘定の貸方に¥300,000を記入するとともに, 鎌倉商店勘定の貸方にも¥300,000を記入する。振替伝票の記入状況から, 9月24日に鎌倉商店から商品を仕入れ, ¥200,000は前払金を充当し, 残額の¥300,000は掛けとしたことがわかる。

第4問 （4点×3箇所＝12点）

小　口　現　金　出　納　帳

受　　入	令和○年		摘　　要	支　　払	内　　　　　　訳				残　　高	
					通信費	交通費	消耗品費	雑　　費		
50,000	8	18	前　週　繰　越						50,000	
〃			コピー機トナー代	2,400			2,400		47,600	④
		19	郵　便　切　手　代	5,600	5,600				42,000	
		20	インクカートリッジ代	3,700			3,700		38,300	
		21	タ　ク　シ　ー　代	8,500		8,500			29,800	
		22	新　　聞　　代	4,100				4,100	25,700	
			合　　　計	24,300	5,600	8,500	6,100 ④	4,100		
④ 24,300		22	本　日　補　給						50,000	
		〃	次　週　繰　越	50,000						
74,300				74,300						
50,000	8	25	前　週　繰　越						50,000	

解説

コピー機トナー代は消耗品費, 郵便切手代は通信費, インクカートリッジ代は消耗品費, タクシー代は交通費, 新聞代は雑費で処理する。¥100,000未満の事務用文房具など, 形がある資産を購入するさいには消耗品費勘定で処理することになる。

第5問 （4点×8箇所＝32点）

精算表

勘定科目	残高試算表 借方	残高試算表 貸方	修正記入 借方	修正記入 貸方	損益計算書 借方	損益計算書 貸方	貸借対照表 借方	貸借対照表 貸方
現　　　金	2,730,000						2,730,000	
現金過不足	2,500			2,500				
当座預金	2,030,000						2,030,000	
普通預金	1,301,500						1,301,500	
売掛金	1,200,000						1,200,000	
貸倒引当金		5,000		13,000				18,000 ④
繰越商品	320,000		520,000	320,000			520,000 ④	
貸付金	450,000						450,000	
備　　　品	1,960,000			245,000			1,715,000	
買掛金		434,500						434,500
借入金		680,000						680,000
資本金		5,000,000						5,000,000
繰越利益剰余金		2,010,000						2,010,000
売　　　上		9,546,500				9,546,500		
受取利息		20,000				20,000		
仕　　　入	4,310,000		320,000	520,000	4,110,000 ④			
給　　　料	1,250,000		70,000		1,320,000			
広告費	217,000				217,000			
交通費	354,000				354,000			
通信費	222,000				222,000			
消耗品費	57,000				57,000			
保険料	456,000				456,000			
支払地代	563,000			30,000	533,000			
水道光熱費	241,000				241,000			
支払利息	32,000				32,000			
	17,696,000	17,696,000						
貸倒引当金繰入			13,000		13,000			
減価償却費			245,000		245,000 ④			
雑　　　損			2,500		2,500 ④			
前払地代			30,000				30,000 ④	
未払給料				70,000				70,000 ④
当期純利益					1,764,000			1,764,000 ④
			1,200,500	1,200,500	9,566,500	9,566,500	9,976,500	9,976,500

解説

決算整理仕訳は以下のようになる。

1．（借）仕　　　　　入　320,000　（貸）繰　越　商　品　320,000
　　（借）繰　越　商　品　520,000　（貸）仕　　　　　入　520,000
2．（借）貸倒引当金繰入　 13,000　（貸）貸　倒　引　当　金　 13,000
3．（借）減　価　償　却　費　245,000　（貸）備　　　　　品　245,000
4．（借）雑　　　　　損　 2,500　（貸）現　金　過　不　足　 2,500
5．（借）前　払　地　代　 30,000　（貸）支　払　地　代　 30,000
6．（借）給　　　　　料　 70,000　（貸）未　払　給　料　 70,000

第1問（4点×7箇所＝28点）

	借　方		貸　方		
	勘 定 科 目	金　額	勘 定 科 目	金　額	
1	現　　　　　金 土　　　　　地	1,300,000 5,000,000	資　本　金	6,300,000	④
2	車 両 運 搬 具	900,000	未　払　金	900,000	④
3	売　掛　金	660,000	売　　　　上 仮 受 消 費 税	600,000 60,000	④
4	買　掛　金	300,000	当 座 預 金	300,000	④
5	当 座 預 金	920,000	有 価 証 券 有価証券売却益	860,000 60,000	④
6	租 税 公 課	37,000	現　　　　金	37,000	④
7	貸 倒 損 失	140,000	売　掛　金	140,000	④

解説

1．会社の設立のさいには，現金預金などによる金銭出資のほかに，建物や土地，備品などの現物出資も認められている。

2．営業用の自動車については，車両運搬具勘定で処理する。商品以外の代金の未払いについては，未払金勘定で処理する。一方，商品の仕入れに関する代金の未払いについては，買掛金勘定で処理する。

3．売上や仕入の取引価額と消費税額を分けて処理する方法を税抜方式という。A商品￥660,000のうち消費税額は￥60,000なので，得意先から仮受けした消費税額として仮受消費税勘定を用いて処理する。

4．買掛金￥300,000を小切手を振り出して支払ったので，買掛金勘定の借方に￥300,000　当座預金勘定の貸方に￥300,000を記入する。

5．有価証券の売却価額￥920,000と帳簿価額￥860,000の差額￥60,000については，有価証券売却益勘定で処理する。

売却価額 ￥920,000	帳簿価額 ￥860,000
	有価証券売却益　￥60,000

　売却価額が帳簿価額よりも低い場合には有価証券売却損勘定で処理する。その場合の仕訳は以下のようになる。

(借)当座預金など　×××　　(貸)有 価 証 券　×××
　　有価証券売却損　×××

6．固定資産税については租税公課勘定で処理する。

7．当期に生じた売掛金が貸し倒れた場合には，貸倒損失勘定で処理する。貸倒引当金は前期以前に発生した売掛金などが設定の対象なので，貸倒引当金勘定は用いない。

第2問 （4点×4箇所＝16点）

（ア）	期　首　資　産	￥	**36,480,000**	④
（イ）	総　　収　　益	￥	**17,950,000**	④
（ウ）	売　上　原　価	￥	**17,748,000**	④
（エ）	純　売　上　高	￥	**21,500,000**	④

解　説

（ア）・（イ）

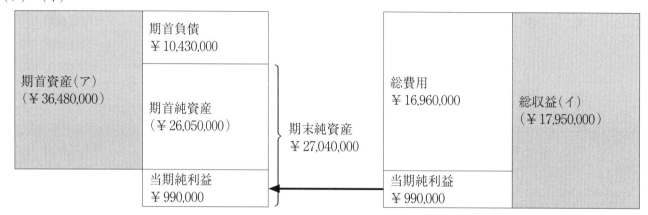

（ウ）・（エ）

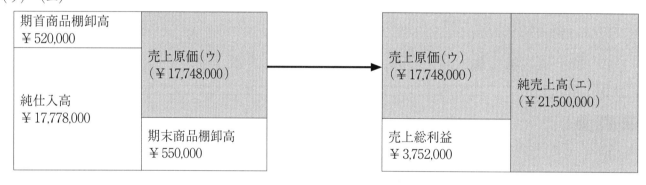

第3問（4点×3箇所＝12点）

現　　　金

④	10/13	（**売 掛 金**）〈 16 〉［	428,000 ］	10/19	（**備　　品**）〈 28 〉［	300,000 ］

売　　掛　　金

				10/13	（**現　　金**）〈 16 〉［	428,000 ］

当　座　預　金

				10/24	（**買 掛 金**）〈 36 〉［	276,000 ］④

買　　掛　　金

10/24	（**当 座 預 金**）〈 36 〉［	276,000 ］		

備　　　品

④	10/19	（**現　　金**）〈 28 〉［	300,000 ］		

解　説

・10月13日に起票された取引を仕訳にすると，以下のようになる。
　（借）現　　　金　428,000　（貸）売　掛　金　428,000
　したがって現金勘定の借方に￥428,000　売掛金勘定の貸方に￥428,000を記入する。

・10月19日に起票された取引を仕訳にすると，以下のようになる。
　（借）備　　　品　300,000　（貸）現　　　金　300,000
　したがって備品勘定の借方に￥300,000　現金勘定の貸方に￥300,000を記入する。

・10月24日に起票された取引を仕訳にすると，以下のようになる。
　（借）買　掛　金　276,000　（貸）当座預金　276,000
　したがって買掛金勘定の借方に￥276,000　当座預金勘定の貸方に￥276,000を記入する。

第4問（4点×3箇所＝12点）

小 口 現 金 出 納 帳

受　　入	令和○年		摘　　　要	支　　払	内　　　　　訳				残　　高
					通信費	交通費	消耗品費	雑　　費	
35,000	3	20	前 週 繰 越						35,000
		21	接待用お茶菓子代	1,600				1,600	33,400
		〃	電 車 運 賃	3,400		3,400			30,000 ④
		22	コ ピ ー 用 紙 代	2,300			2,300		27,700
		23	プリンターインク代	8,000			8,000		19,700
		24	インターネット通信料	1,100	1,100				18,600
			合　　　計	16,400	1,100	3,400	10,300 ④	1,600	
④ 16,400		24	本 日 補 給						35,000
		〃	次 週 繰 越	35,000					
51,400				51,400					
35,000	3	27	前 週 繰 越						35,000

解　説

　接待用お茶菓子代￥1,600は雑費，電車運賃￥3,400は交通費，コピー用紙代￥2,300は消耗品費，プリンターインク代￥8,000は消耗品費，インターネット通信料￥1,100は通信費として処理する。

　雑費で処理する項目は，他の費用項目には分類されない重要性に乏しい項目である。一方，現在はICT（情報通信技術）が発達し，コピー用紙代やプリンターインク代などの消費数量は増加傾向にあり，その重要性は増している。したがって，コピー用紙代やプリンターインク代などについては雑費ではなく消耗品費として処理することが妥当となる。

第5問 （4点×8箇所＝32点）

精　算　表

勘定科目	残高試算表 借方	残高試算表 貸方	修正記入 借方	修正記入 貸方	損益計算書 借方	損益計算書 貸方	貸借対照表 借方	貸借対照表 貸方
現　　　金	770,000						770,000	
現金過不足	1,700			1,700				
当座預金	1,710,000						1,710,000	
普通預金	1,371,300						1,371,300	
売掛金	500,000						500,000	
貸倒引当金		3,000		2,000				5,000 ④
繰越商品	410,000		390,000	410,000			390,000 ④	
貸付金	1,600,000						1,600,000	
備　　　品	1,500,000			300,000			1,200,000 ④	
買掛金		634,000						634,000
借入金		1,510,000						1,510,000
資本金		4,200,000						4,200,000
繰越利益剰余金		930,000						930,000
売　　　上		9,230,000				9,230,000		
受取利息		3,000				3,000		
仕　　　入	5,130,000		410,000	390,000	5,150,000 ④			
給　　　料	2,240,000		40,000		2,280,000 ④			
広告費	66,000				66,000			
交通費	114,000				114,000			
通信費	134,000				134,000			
消耗品費	70,000				70,000			
支払家賃	600,000			70,000	530,000			
水道光熱費	240,000				240,000			
租税公課	18,000				18,000			
支払利息	35,000				35,000			
	16,510,000	16,510,000						
貸倒引当金繰入			2,000		2,000			
減価償却費			300,000		300,000			
雑　　　損			1,700		1,700 ④			
前払家賃			70,000				70,000 ④	
未払給料				40,000				40,000
当期純利益					292,300			292,300 ④
			1,213,700	1,213,700	9,233,000	9,233,000	7,611,300	7,611,300

解説

決算整理仕訳は以下のようになる。

1．（借）仕　　　　　入　410,000　（貸）繰　越　商　品　410,000
　　（借）繰　越　商　品　390,000　（貸）仕　　　　　入　390,000
2．（借）貸倒引当金繰入　　2,000　（貸）貸　倒　引　当　金　　2,000
3．（借）減　価　償　却　費　300,000　（貸）備　　　　　品　300,000
4．（借）雑　　　　　損　　1,700　（貸）現　金　過　不　足　　1,700
5．（借）前　払　家　賃　70,000　（貸）支　払　家　賃　70,000
6．（借）給　　　　　料　40,000　（貸）未　払　給　料　40,000

第1問 （4点×7箇所＝28点）

	借　　方		貸　　方		
	勘 定 科 目	金　　額	勘 定 科 目	金　　額	
1	当 座 預 金	2,500,000	借 入 金	2,500,000	④
2	仕　　　　入	700,000	当 座 預 金	700,000	④
3	車 両 運 搬 具	750,000	未 払 金	750,000	④
4	旅 費 交 通 費 現　　　　金	148,000 12,000	仮 払 金	160,000	④
5	現　　　　金	33,000	売　　　　上 仮 受 消 費 税	30,000 3,000	④
6	給　　　　料	270,000	所 得 税 預 り 金 普 通 預 金	32,000 238,000	④
7	貸 倒 引 当 金	300,000	売 掛 金	300,000	④

解　説

1．営業資金として金銭を借り入れているので借入金勘定で処理する。このとき手形を振り出していれば手形借入金勘定で処理することになるが、勘定科目一覧のなかに手形借入金勘定がないので、借入金勘定を用いることがわかる。

2．商品¥700,000を仕入れて、小切手を振り出しているので、仕入勘定の借方に¥700,000　当座預金勘定の貸方に¥700,000を記入する。

3．営業用の軽自動車については、車両運搬具勘定を用いて処理する。商品以外の購入代金の未払いについては、未払金勘定を用いて処理する。

4．従業員の出張に際して、旅費の概算額を現金で渡した時点では次のような仕訳がなされている。
（借）仮 払 金 160,000　（貸）現　　金 160,000
　本問では従業員が帰社し、旅費の金額が確定したので、仮払金を減少させて旅費交通費を計上し、差額は現金で精算する。

5．売上や仕入の取引価額と消費税額を分けて処理する方法を税抜方式という。ネックレス¥33,000のうち消費税額は¥3,000なので、得意先から仮受けした消費税額として仮受消費税勘定を用いて処理する。

6．所得税の源泉徴収額¥32,000については、所得税預り金勘定で処理する。所得税を税務署に納付する義務を負うため、預り金勘定の一種ではあるが特に所得税預り金勘定とする。

7．前期に生じた売掛金が貸し倒れて、問題文より貸倒引当金が全額設定されているため、解答の仕訳となる。もし貸倒引当金が不足していた場合には、以下の仕訳となる。
（借）貸 倒 引 当 金 ×××　（貸）売 掛 金 ×××
　　　貸 倒 損 失 ×××

第2問 （4点×4箇所＝16点）

（ア）	期首純資産（期首資本）	¥	3,900,000 ④
（イ）	売　上　原　価	¥	12,690,000 ④
（ウ）	売　上　総　利　益	¥	410,000 ④
（エ）	当　期　純　利　益	¥	370,000 ④

解　説

（ア）期首純資産（期首資本）については，期首の資産から期首の負債の金額を差し引いて算定する。

¥5,200,000 － ¥1,300,000 ＝ ¥3,900,000

（イ）売上原価については，期首商品棚卸高・純仕入高・期末商品棚卸高を用いて計算する。そのさいには以下のようなボックス図を書くとわかりやすい。

仕　　　入

期首商品　　¥570,000	売上原価　　（¥12,690,000）
純仕入高　　¥12,730,000	期末商品　　¥610,000

（ウ）売上総利益については，純売上高から売上原価を差し引いて算定する。

¥13,100,000 － ¥12,690,000 ＝ ¥410,000

（エ）当期純利益については，期末純資産（期末資本）から期首純資産（期首資本）を差し引いて算定する。

期末純資産（期末資本）　¥5,950,000 － ¥1,680,000 ＝ ¥4,270,000

当期純利益　¥4,270,000 － ¥3,900,000 ＝ ¥370,000

第3問 （4点×3箇所＝12点）

現　　　　　金

④	6/6	（未　収　金）〈 10 〉	［　　280,000 ］	6/12	（前　払　金）〈 19 〉	［　　100,000 ］	

未　　収　　金

	6/6	（現　　　金）〈 10 〉	［　　280,000 ］

前　　払　　金

④	6/12	（現　　　金）〈 19 〉	［　　100,000 ］	6/20	（仕　　　入）〈 28 〉	［　　100,000 ］	

買　　掛　　金

	6/20	（仕　　　入）〈 28 〉	［　　540,000 ］	④

仕　　　　　入

6/20	（諸　　　口）〈 28 〉	［　　640,000 ］

解説

- 6月6日に起票された取引を仕訳にすると，以下のようになる。
  (借)現　　　金　280,000　(貸)未　収　金　280,000
  したがって現金勘定の借方に¥280,000　未収金勘定の貸方に¥280,000を記入する。
- 6月12日に起票された取引を仕訳にすると，以下のようになる。
  (借)前　払　金　100,000　(貸)現　　　金　100,000
  したがって前払金勘定の借方に¥100,000　現金勘定の貸方に¥100,000を記入する。
- 6月20日に起票された取引を仕訳にすると，以下のようになる。
  (借)仕　　　入　640,000　(貸)前　払　金　100,000
  　　　　　　　　　　　　　　　買　掛　金　540,000
  したがって仕入勘定の借方に¥640,000　前払金勘定の貸方に¥100,000　買掛金勘定の貸方に¥540,000を記入する。

第4問（4点×3箇所＝12点）

小　口　現　金　出　納　帳

受　　入	令和○年		摘　　要	支　払	内　　　　　訳				残　　高
					通信費	交通費	消耗品費	雑　費	
40,000	6	9	前　週　繰　越						40,000
		10	コピー機トナー代	1,900			1,900		38,100 ④
		11	郵 便 は が き 代	7,500	7,500 ④				30,600
		12	高 速 バ ス 代	4,200		4,200			26,400
		13	接 待 用 お 土 産 代	4,700				4,700	21,700
		〃	ボ ー ル ペ ン 代	1,400			1,400		20,300
			合　　　計	19,700	7,500	4,200	3,300	4,700	
④ 19,700		13	本　日　補　給						40,000
		〃	次　週　繰　越	40,000					
59,700				59,700					
40,000	6	16	前　週　繰　越						40,000

解説

コピー機トナー代¥1,900は消耗品費，郵便はがき代¥7,500は通信費，高速バス代¥4,200は交通費，接待用お土産代¥4,700は雑費，ボールペン代¥1,400は消耗品費として処理する。

小口現金出納帳については，「本日補給」の金額が採点箇所になる可能性がきわめて高いため，書き落としのないように注意する。

第5問 （4点×8箇所＝32点）

精　算　表

勘定科目	残高試算表 借方	残高試算表 貸方	修正記入 借方	修正記入 貸方	損益計算書 借方	損益計算書 貸方	貸借対照表 借方	貸借対照表 貸方
現　　　金	1,223,700						1,223,700	
現金過不足	2,900			2,900				
当座預金	1,840,000						1,840,000	
普通預金	1,750,000						1,750,000	
売　掛　金	1,200,000						1,200,000	
貸倒引当金		9,000		3,000				12,000
繰越商品	210,000		170,000	210,000			170,000 ④	
貸　付　金	980,000						980,000	
備　　　品	2,100,000			300,000			1,800,000	
買　掛　金		870,000						870,000
借　入　金		1,400,000						1,400,000
資　本　金		5,180,000						5,180,000
繰越利益剰余金		1,000,000						1,000,000
売　　　上		9,780,000				9,780,000		
受取利息		14,000				14,000		
仕　　　入	5,730,000		210,000	170,000	5,770,000 ④			
給　　　料	1,640,000				1,640,000			
広　告　費	165,400		62,000		227,400			
交　通　費	330,000				330,000			
通　信　費	210,000				210,000			
消耗品費	51,000				51,000			
支払家賃	650,000			50,000	600,000			
水道光熱費	110,000				110,000			
租税公課	43,000				43,000			
支払利息	17,000				17,000			
	18,253,000	18,253,000						
貸倒引当金繰入			3,000		3,000 ④			
減価償却費			300,000		300,000 ④			
雑　　　損			2,900		2,900 ④			
前払家賃			50,000				50,000 ④	
未払広告費				62,000				62,000 ④
当期純利益					489,700			489,700 ④
			797,900	797,900	9,794,000	9,794,000	9,013,700	9,013,700

解説

決算整理仕訳は以下のようになる。

1．（借）仕　　　　　入　210,000　（貸）繰　越　商　品　210,000
　　（借）繰　越　商　品　170,000　（貸）仕　　　　　入　170,000
2．（借）貸倒引当金繰入　　3,000　（貸）貸　倒　引　当　金　3,000
3．（借）減 価 償 却 費　300,000　（貸）備　　　　　品　300,000
4．（借）雑　　　　　損　　2,900　（貸）現　金　過　不　足　2,900
5．（借）前　払　家　賃　50,000　（貸）支　払　家　賃　50,000
6．（借）広　　　告　　費　62,000　（貸）未　払　広　告　費　62,000

第1問 （4点×7箇所＝28点）

	借　　　方		貸　　　方		
	勘 定 科 目	金　　額	勘 定 科 目	金　　額	
1	現　　　　　金 土　　　　　地	1,300,000 3,500,000	資　本　金	4,800,000	④
2	前　受　金 売　掛　金	300,000 482,100	売　　　　　上 仮 受 消 費 税	711,000 71,100	④
3	買　掛　金	140,000	現　　　　　金	140,000	④
4	貸 倒 引 当 金	440,000	売　　掛　　金	440,000	④
5	未　収　金 有価証券売却損	492,000 87,000	有 価 証 券	579,000	④
6	現　　　　　金 売　　掛　　金 売　上　原　価	250,000 134,000 232,800	売　　　　　上 商　　　　　品	384,000 232,800	④
7	車 両 運 搬 具	3,160,000	当 座 預 金	3,160,000	④

解　説

1．株式会社の場合，現金や預金などの金銭出資と備品・土地・建物などの現物出資が認められている。その全額を資本金勘定で処理するのが原則である。

2．売上や仕入の取引価額と消費税額を分けて処理する方法を税抜方式という。A商品￥782,100のうち消費税額は￥71,100なので，得意先から仮受けした消費税額￥71,100については仮受消費税勘定を用いて処理する。

3．買掛金の支払いをおこなったので，負債の勘定である買掛金勘定の借方に￥140,000を記入し，現金勘定の貸方に￥140,000を記入する。

4．前期に生じた売掛金が貸し倒れて，貸倒引当金が十分に設定されていれば，解答の仕訳となる。もし貸倒引当金の設定額に不足が生じていた場合には，以下の仕訳となる。

（借）貸 倒 引 当 金　×××　（貸）売　　掛　　金　×××
　　　貸 倒 損 失　×××

5．有価証券を売却したさいに，売却価額が帳簿価額を上回っているときには，差額を有価証券売却益勘定で処理する。一方，売却価額が帳簿価額を下回っているときには，差額を有価証券売却損勘定で処理する。

売却価額￥492,000	帳簿価額 ￥579,000
有価証券売却損￥87,000	

6．問題文の条件より，商品売買を売上原価対立法によって記帳していることがわかる。売上原価対立法では，商品販売時に売上を計上するとともに，商品勘定で処理していた当該商品の原価を売上原価勘定に振り替える。本問では，売上￥384,000（＝売価@￥1,600 × 240個）を計上すると同時に，B商品の原価￥232,800（＝原価@￥970 × 240個）を商品勘定から売上原価勘定に振り替える。

7．商品運搬用のトラックについては車両運搬具勘定で処理する。諸費用￥160,000は車両運搬具の取得原価に含める。

第2問 （4点×4箇所＝16点）

（ア）	期首純資産（期首資本）	¥	**1,700,000**	④
（イ）	売 上 原 価	¥	**5,290,000**	④
（ウ）	売 上 総 利 益	¥	**270,000**	④
（エ）	当 期 純 利 益	¥	**200,000**	④

解 説

（ア）期首純資産（期首資本）については，期首の資産総額から期首の負債総額を差し引いて算定する。

¥3,200,000 － ¥1,500,000 ＝ ¥1,700,000

（イ）仕入勘定と繰越商品勘定から，期首商品棚卸高・当期仕入高・期末商品棚卸高を判断し，以下のようなボックス図を書いて，売上原価を算定する。

仕　　　　　入

期首商品　¥270,000	売上原価　（¥5,290,000）
当期仕入　¥5,340,000	期末商品　¥320,000

（ウ）売上高から売上原価を差し引いて，売上総利益を算定する。

¥5,560,000 － ¥5,290,000 ＝ ¥270,000

（エ）当期純利益については，期末純資産（期末資本）から期首純資産（期首資本）を差し引いて算定する。まず期末純資産（期末資本）を算定する。

¥3,500,000 － ¥1,600,000 ＝ ¥1,900,000（期末純資産）

¥1,900,000 － ¥1,700,000 ＝ ¥200,000（当期純利益）

このとき期末貸借対照表と損益計算書の関係を図にすると，以下のようになる。

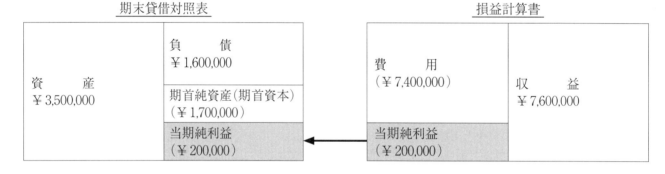

第3問（4点×3箇所＝12点）

売　上　帳

令和○年		摘　　　　要		金　　額	
8	12	長崎商店	掛け		
		C商品　　400個　　@¥300		120,000	④

得　意　先（売　掛　金）元　帳
長　崎　商　店

令和○年		摘　要	借　　方	貸　　方	借または貸	残　　高	
8	1	前　月　繰　越	300,000		借	300,000	
	12	売　り　上　げ	120,000		〃	420,000	④
	22	約束手形回収		300,000	〃	120,000	④
	31	次　月　繰　越		120,000			
			420,000	420,000			
9	1	前　月　繰　越	120,000		借	120,000	

解説

　8月12日の取引については，長崎商店への掛け売上のため，売上帳にその旨を記入するとともに，得意先(売掛金)元帳の長崎商店勘定の借方にも記入する。また，この問題では解答は要求されていないが，売掛金勘定の借方にも¥120,000が記入されている。

　8月22日には，以下の仕訳がおこなわれている。

　(借)受　取　手　形　300,000　　(貸)売　掛　金　300,000

　したがって，長崎商店勘定の貸方に¥300,000を記入する。この問題では解答は要求されていないが，売掛金勘定の貸方にも¥300,000が記入されている。

第4問（4点×3箇所＝12点）

小　口　現　金　出　納　帳

受　　入	令和○	年	摘　　　要	支　　払	内　　　　　　　訳				残　　高	
					通信費	交通費	消耗品費	雑　　費		
70,000	7	22	前　週　繰　越						70,000	
		〃	郵　便　料　金	800	800				69,200	④
		23	プリンターインク代	2,700			2,700		66,500	
		24	接待用飲み物代	1,800				1,800	64,700	
		25	タ　ク　シ　ー　代	3,900		3,900			60,800	
		26	新　　聞　　代	4,100				4,100	56,700	
			合　　　計	13,300	800	3,900	2,700	④5,900		
④ 13,300		26	本　日　補　給						70,000	
		〃	次　週　繰　越	70,000						
83,300				83,300						
70,000	7	29	前　週　繰　越						70,000	

解説

　郵便料金¥800は通信費，プリンターインク代¥2,700は消耗品費，接待用飲み物代¥1,800は雑費，タクシー代¥3,900は交通費，新聞代¥4,100は雑費として処理する。近年，ＩＣＴ（情報通信技術）の発達により，プリンターインク代やコピー用紙代などのコンピュータ関連の消耗品費は増加傾向にある。

第5問 （4点×8箇所＝32点）

精 算 表

勘定科目	残高試算表 借方	残高試算表 貸方	修正記入 借方	修正記入 貸方	損益計算書 借方	損益計算書 貸方	貸借対照表 借方	貸借対照表 貸方
現　　金	977,000						977,000	
現金過不足		2,400	2,400					
当座預金	1,220,000						1,220,000	
普通預金	740,000						740,000	
売掛金	840,000						840,000	
貸倒引当金		15,000		6,000				21,000
繰越商品	470,000		440,000	470,000			440,000	④
貸付金	1,000,000						1,000,000	
備　　品	1,800,000			200,000			1,600,000	
買掛金		217,000						217,000
借入金		1,223,000						1,223,000
資本金		3,000,000						3,000,000
繰越利益剰余金		660,000						660,000
売　　上		11,200,000				11,200,000		
受取利息		2,600				2,600		
仕　　入	7,300,000		470,000	440,000	7,330,000	④		
給　　料	504,000		42,000		546,000			
旅　　費	79,000				79,000			
交通費	110,000				110,000			
通信費	165,000				165,000			
消耗品費	43,000				43,000			
支払家賃	910,000			70,000	840,000			
水道光熱費	130,000				130,000			
租税公課	21,000				21,000			
支払利息	11,000				11,000			
	16,320,000	16,320,000						
貸倒引当金繰入			6,000		6,000	④		
減価償却費			200,000		200,000	④		
雑　　益				2,400		2,400	④	
前払家賃			70,000				70,000	④
未払給料				42,000				42,000 ④
当期純利益					1,724,000			1,724,000 ④
			1,230,400	1,230,400	11,205,000	11,205,000	6,887,000	6,887,000

解説

決算整理仕訳は以下のようになる。

1．（借）仕　　　　入　470,000　（貸）繰　越　商　品　470,000
　（借）繰　越　商　品　440,000　（貸）仕　　　　入　440,000
2．（借）貸倒引当金繰入　　6,000　（貸）貸　倒　引　当　金　6,000
3．（借）減　価　償　却　費　200,000　（貸）備　　　　品　200,000
4．（借）現　金　過　不　足　2,400　（貸）雑　　　　益　2,400
5．（借）前　払　家　賃　70,000　（貸）支　払　家　賃　70,000
6．（借）給　　　　料　42,000　（貸）未　払　給　料　42,000

第1問（4点×7箇所＝28点）

	借　　方		貸　　方		
	勘　定　科　目	金　　額	勘　定　科　目	金　　額	
1	現　　　　　金 土　　　　　地	5,000,000 20,000,000	資　　本　　金	25,000,000	④
2	車　両　運　搬　具	1,000,000	未　　払　　金	1,000,000	④
3	買　　掛　　金	4,000	仕　　　　　入	4,000	④
4	仕　　　　　入 仮　払　消　費　税	600,000 60,000	買　　掛　　金	660,000	④
5	買　　掛　　金	660,000	当　座　預　金	660,000	④
6	定　期　預　金	5,000,000	普　通　預　金	5,000,000	④
7	現　　　　　金 受　取　手　形	200,000 80,000	売　　　　　上	280,000	④

解　説

1．株式会社の設立にさいしては，現金や預金などの金銭出資以外に，土地や備品などの現物出資も認められている。払い込まれた金額については，全額を資本金勘定で処理するのが原則である。

2．「配達用のトラック」については，車両運搬具勘定で処理する。また，商品の仕入代金以外の未払いについては，未払金勘定で処理する。

3．岡山商店から商品を掛けで仕入れたさいには，以下の仕訳がおこなわれている。
　　（借）仕　　　　　入　40,000　（貸）買　　掛　　金　40,000
　　返品がおこなわれたさいには，仕入時点の仕訳の反対仕訳をおこなうことになる。

4．売上や仕入の取引価額と消費税額を分けて処理する方法を税抜方式という。仕入先から仕入れた固形石けん¥660,000のうち消費税額は¥60,000なので，仮払いした消費税額¥60,000については仮払消費税勘定を用いて処理する。

5．負債である買掛金が消滅したので，買掛金勘定の借方に¥660,000を記入する。また同時に当座預金勘定の貸方に¥660,000を記入する。

6．定期預金勘定が¥5,000,000増加し，普通預金勘定が¥5,000,000減少したと考える。したがって，定期預金勘定の借方に¥5,000,000を記入し，普通預金勘定の貸方に¥5,000,000を記入する。

7．売却価額¥280,000のうち，¥200,000を現金で受け取り，残額を約束手形で受け取ったので，受け取った約束手形の額面金額は¥80,000だったと判明する。

第2問 （4点×3箇所 = 12点）

（ア）	期 首 資 産	¥	52,290,000	④
（イ）	期首純資産（期首資本）	¥	14,290,000	④
（ウ）	総 費 用	¥	7,580,000	④

解説

（ア）（イ）より，期首純資産（期首資本）は¥14,290,000であることが判明する。期首の資産は期首の負債と期首純資産（期首資本）の合計額なので，¥52,290,000（＝¥38,000,000＋¥14,290,000）と算定できる。

　なお，資産＝負債＋純資産（資本）となる等式のことを貸借対照表等式という。

（イ）期末純資産（期末資本）が¥15,590,000　当期純利益が¥1,300,000なので，　期首純資産（期首資本）は¥14,290,000と判明する。

　このとき期末貸借対照表と損益計算書の関係を図にすると，以下のようになる。

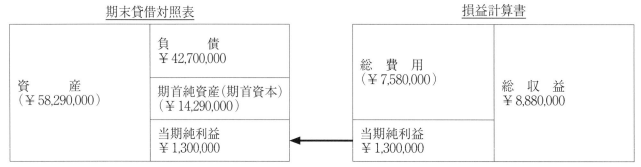

期末貸借対照表

損益計算書

（ウ）問題をみたさいに，一番算定しやすいのが（ウ）であることを判別する。総収益から総費用を差し引いた金額が当期純利益なので，総費用は貸借差額より¥7,580,000（＝¥8,880,000－¥1,300,000）と判明する。

第3問 （4点×3箇所 = 12点）

売　上　帳

令和○年		摘　　　　　要		金　　額	
7	5	熊本商店	掛け		
		B商品　　600個　　@¥600		360,000	④

得　意　先　（売　掛　金）　元　帳

熊　本　商　店

令和○年		摘　　要	借　　方	貸　　方	借または貸	残　　高	
7	1	前 月 繰 越	300,000		借	300,000	
	5	売 り 上 げ	360,000 ············		〃 ·············	660,000	④
	11	小 切 手 回 収		300,000	〃	360,000	
	31	次 月 繰 越		360,000	④		
			660,000	660,000			
8	1	前 月 繰 越	360,000		借	360,000	

解説

　7月5日の取引は，掛け売上であるため，まず売上帳にその明細を記入する。売上帳には，日付・得意先・商品名・販売数量・単価・受け取った対価の種類を記入して，売上高¥360,000を金額欄に記入する。同時に，売掛金の明細を明らかにするために，得意先（売掛金）元帳の熊本商店勘定の借方にも¥360,000を記入する。

　7月11日の取引は，熊本商店に対する売掛金の回収なので，熊本商店勘定の貸方に¥300,000を記入する。月末には貸借を一致させて人名勘定を締め切る。

第4問 （4点×4箇所＝16点）

C 商 品

商 品 有 高 帳　　　　＜先入先出法＞

令和〇年		摘　要	入　庫			出　庫				在　庫			
			数量	単価	金額	数量{内訳	単価	金額		数量{内訳	単価	金額	
9	1	前月繰越	50		15,200					50{ 30	300		
										20	310	15,200	
	2	(天王寺製粉)	[70]	[310]	[21,700] ④					120{ 30	300		
										[90]	[310]	36,900	
	8	(浪速商店)				[50]{[30]	[300]			[70]	[310]	[21,700]	
						[20]	[310]	[15,200]					
	18	(天王寺製粉)	[50]	[305]	[15,250]					[120]{[70]	[310]		④
										[50]	[305]	[36,950]	
	24	(阿倍野商店)				[90]{[70]	[310]			[30]	[305]	[9,150]	
						[20]	[305]	[27,800]					
	29	(生野製麺)	[20]	[305]	[6,400]					50{[30]	305		
										[20]	[320]	[15,550]	
	30	払出合計				140		[43,000]					
	〃	次月繰越				[50]		15,550					
			[190]		[58,550]	[190]		[58,550]					

問1	この商品の粗利	¥	13,000	④
問2	この商品からえられた利益	¥	10,900	④

解説

先入先出法を採用しているので，9月2日に仕入れた@¥310の70単位については，前月から繰り越された@¥310の20単位とあわせて在庫欄に記入する。

9月8日には50単位を払い出しているが，先入先出法を採用しているので，@¥300の30単位を先に払い出したものと仮定し，残り20単位が@¥310の商品であると仮定して出庫欄に記入する。

9月18日に仕入れた@¥305の50単位については，在庫欄に@¥310の70単位と分けて記入する。

9月24日には90単位を払い出しているが，そのうち70単位は@¥310の商品，残り20単位は@¥305の商品と仮定して出庫欄に記入する。

9月29日の取引も9月2日や9月18日の仕入取引と同様に記入したうえで，入庫欄と出庫欄の合計額を一致させて商品有高帳を締め切る。

このとき9月30日に記入した払出合計¥43,000が売上原価となる。売価は@¥400で一定なので，売上高は@¥400×（50個＋90個）＝¥56,000と算定できる。

したがって，粗利（売上総利益）は¥13,000（＝¥56,000－¥43,000）となる。

また，「この商品からえられた利益」については，粗利（売上総利益）から配送等にともなう直接の諸費用¥2,100を差し引いた金額となるので，¥10,900（＝¥13,000－¥2,100）と算定できる。

第5問 （4点×8箇所＝32点）

精　算　表

勘定科目	残 高 試 算 表 借 方	残 高 試 算 表 貸 方	修 正 記 入 借 方	修 正 記 入 貸 方	損 益 計 算 書 借 方	損 益 計 算 書 貸 方	貸 借 対 照 表 借 方	貸 借 対 照 表 貸 方
現　　　金	2,820,000						2,820,000	
現 金 過 不 足		8,000	8,000					
当 座 預 金	1,392,000						1,392,000	
売 掛 金	270,000						270,000	
貸倒引当金		4,000		1,400				5,400
有 価 証 券	900,000						900,000	
繰 越 商 品	330,000		380,000	330,000			380,000	④
前 払 金	10,000						10,000	
備　　　品	360,000			72,000			288,000	
買 掛 金		417,000						417,000
未 払 金		900,000						900,000
借 入 金		500,000						500,000
資 本 金		3,000,000						3,000,000
繰越利益剰余金		720,000						720,000
売　　　上		5,002,000				5,002,000		
有価証券売却益		120,000				120,000		
仕　　　入	2,770,000		330,000	380,000	2,720,000	④		
給　　　料	750,000				750,000			
交 通 費	210,000				210,000			
通 信 費	310,000				310,000			
消 耗 品 費	40,000			10,000	30,000			
支 払 地 代	90,000			45,000	45,000			
水 道 光 熱 費	342,000				342,000			
租 税 公 課	66,000				66,000			
支 払 利 息	11,000				11,000			
	10,671,000	10,671,000						
貸倒引当金繰入			1,400		1,400	④		
減 価 償 却 費			72,000		72,000	④		
雑　　　益				8,000		8,000	④	
消 耗 品			10,000				10,000	④
前 払 地 代			45,000				45,000	④
当期純利益					572,600			572,600 ④
			846,400	846,400	5,130,000	5,130,000	6,115,000	6,115,000

解　説

決算整理仕訳は以下のようになる。

1．（借）仕　　　　　入　330,000　（貸）繰 越 商 品　330,000
　　（借）繰 越 商 品　380,000　（貸）仕　　　　　入　380,000
2．（借）貸倒引当金繰入　1,400　（貸）貸 倒 引 当 金　1,400
3．（借）減 価 償 却 費　72,000　（貸）備　　　　　品　72,000
4．（借）現 金 過 不 足　8,000　（貸）雑　　　　　益　8,000
5．（借）消　耗　品　10,000　（貸）消 耗 品 費　10,000
6．（借）前 払 地 代　45,000　（貸）支 払 地 代　45,000

第1問 （4点×7箇所＝28点）

	借　　方		貸　　方		
	勘　定　科　目	金　　額	勘　定　科　目	金　　額	
1	普　通　預　金	1,700,000	借　　入　　金	1,700,000	④
2	備　　　　品	250,000	未　　払　　金	250,000	④
3	仕　　　　入	510,000	現　　　　　金 買　　掛　　金	180,000 330,000	④
4	現　　　　　金 受　取　手　形	300,000 350,000	売　　　　上	650,000	④
5	租　税　公　課	41,000	普　通　預　金	41,000	④
6	普　通　預　金	612,000	前　　受　　金	612,000	④
7	繰越利益剰余金	400,000	損　　　　益	400,000	④

解　説

1．借用証書によって資金を借り入れた場合には借入金勘定で処理し，手形を振り出して資金を借り入れた場合には手形借入金勘定で処理する。この問題では資金の借入方法について明示されていないが，手形借入金勘定が勘定科目一覧のなかにないので，借入金勘定で処理することになる。

2．事務用整理棚については，備品勘定で処理する。また，商品の仕入代金の未払いについては買掛金勘定で処理するが，それ以外の未払代金については未払金勘定で処理する。

3．仕入価額¥510,000のうち¥180,000については現金で支払ったので，買掛金は¥330,000（＝¥510,000 － ¥180,000）と判明する。

4．販売価額¥650,000のうち¥300,000は現金売上なので，受け取った約束手形の額面金額は¥350,000（＝ ¥650,000 － ¥300,000）と判明する。

5．固定資産税については，租税公課勘定で処理する。固定資産税勘定で処理する仕訳も考えられるが，勘定科目一覧のなかにないので，租税公課勘定で処理すると判断できる。

6．予約注文を受け，商品を引き渡す前に受け取った商品代金は，売上に計上するのではなく，前受金勘定で処理することに注意する。

7．株式会社の場合，当期純損益は損益勘定から繰越利益剰余金勘定に振り替える。当期純損失が発生しているので，損益勘定の貸方に¥400,000　繰越利益剰余金勘定の借方に¥400,000を記入することに注意する。純資産（資本）の勘定である繰越利益剰余金勘定の残高を減少させる振替仕訳である。

第2問 （4点×3箇所＝12点）

（ア）	期首純資産(期首資本)	¥	**11,220,000**	④
（イ）	期　首　資　産	¥	**62,220,000**	④
（ウ）	総　　費　　用	¥	**7,200,000**	④

解　説

（ア）期末貸借対照表より期末純資産(期末資本)が¥13,420,000であることが判明し，損益計算書より当期純利益が¥2,200,000であることが判明する。したがって，期首純資産(期首資本)は，期末純資産(期末資本)から当期純利益を差し引いて算定する。

　　¥13,420,000 － ¥2,200,000 ＝ ¥11,220,000

（イ）資産＝負債＋純資産(資本)なので，期首資産については¥62,220,000（＝¥51,000,000 ＋¥11,220,000）となる。

（ウ）総収益から総費用を差し引いた金額が当期純利益なので，総費用については以下の式で算定することができる。

　　¥9,400,000 － ¥2,200,000 ＝ ¥7,200,000

第3問 （4点×3箇所＝12点）

現　　　　　金

④ 3/10　（**売 掛 金**）〈11〉 ［　　　**420,000**］｜3/16　（**前 払 金**）〈25〉 ［　　　**170,000**］

売　　掛　　金

　　　　　　　　　　｜3/10　（**現　　金**）〈11〉 ［　　　**420,000**］

前　　払　　金

3/16　（**現　　金**）〈25〉 ［　　　**170,000**］｜3/18　（**仕　　入**）〈38〉 ［　　　**170,000**］④

買　　掛　　金

　　　　　　　　　　｜3/18　（**仕　　入**）〈38〉 ［　　　**540,000**］

仕　　　　　入

④ 3/18　（**諸　　口**）〈38〉 ［　　　**710,000**］｜

解　説

・3月10日に起票された取引を仕訳にすると，以下のようになる。

　（借）現　　　金　420,000　（貸）売　掛　金　420,000

　したがって，現金勘定の借方に¥420,000　売掛金勘定の貸方に¥420,000を記入する。

・3月16日に起票された取引を仕訳にすると，以下のようになる。

　（借）前　払　金　170,000　（貸）現　　　金　170,000

　したがって，前払金勘定の借方に¥170,000　現金勘定の貸方に¥170,000を記入する。

・3月18日に起票された取引を仕訳にすると，以下のようになる。

　（借）仕　　　入　710,000　（貸）前　払　金　170,000

　　　　　　　　　　　　　　　　　　買　掛　金　540,000

　したがって，仕入勘定の借方に¥710,000　前払金勘定の貸方に¥170,000　買掛金勘定の貸方に¥540,000を記入する。入金伝票・出金伝票・振替伝票の記入から取引を読み取り，いったん仕訳にしてから問題を解くとケアレスミスが少なくなる。

第4問 （4点×4箇所＝16点）

商 品 有 高 帳
C 商 品

令和○年		摘　　　要	受　　入			払　　出			残　　高		
			数量	単価	金　額	数量	単価	金　額	数量	単価	金　額
11	1	前 月 繰 越	120	700	84,000				120	700	84,000
	4	立 川 商 店	250	710	177,500				120	700	84,000
									250	710	177,500 |④
④	9	水 戸 商 店				120	700	84,000			
						100	710	71,000	150	710	106,500
	17	青 梅 商 店	100	750	75,000				150	710	106,500
								④	100	750	75,000
	28	常 陸 商 店				150	710	106,500			
						50	750	37,500	50	750	37,500
	30	次 月 繰 越				50	750	37,500			
			470		336,500	470		336,500			
④	12	1	前 月 繰 越	50	750	37,500				50	750	37,500

解　説

・11月4日に立川商店から@¥710の商品を250個仕入れたので，受入欄に記入するとともに，残高欄の前月繰越高の下の行に@¥710の商品が250個在庫として存在する旨を記入する。

・11月9日に水戸商店に220個の商品を売り渡したので，@¥700の商品を120個と@¥710の商品を100個払い出したと仮定して，払出欄に記入する。

・11月17日に青梅商店から@¥750の商品を100個仕入れたので，受入欄に記入するとともに，残高欄にも記入する。先入先出法を採用している場合，後から仕入れた商品については先に仕入れた商品の下の行に記入する。

・11月28日に常陸商店に200個の商品を売り渡したので，@¥710の商品を150個と@¥750の商品を50個払い出したと仮定して，払出欄に記入する。

　一連の取引を商品有高帳に記入した後，次月繰越高を記入して受入欄と払出欄の合計数量と合計金額を一致させたうえで，締め切る。このとき次月繰越高が正しいかどうかを以下のようなボックス図を書いてチェックしてもよい。

C 商 品

前月繰越 @¥700　120個	11月9日　払出分 220個
11月4日仕入高 @¥710　250個	11月28日　払出分 200個
11月17日仕入高 @¥750　100個	次月繰越 (@¥750)(50個)

月末に残った50個はすべて11月17日に仕入れた商品であることが確認できる。

第5問 （4点 × 8箇所 = 32点）

精 算 表

勘定科目	残高試算表 借方	残高試算表 貸方	修正記入 借方	修正記入 貸方	損益計算書 借方	損益計算書 貸方	貸借対照表 借方	貸借対照表 貸方	
現　　　金	2,015,000						2,015,000		
現金過不足		5,000	5,000						
当座預金	995,000						995,000		
売　掛　金	1,250,000						1,250,000		
貸倒引当金		4,000		21,000				25,000	④
有価証券	244,000						244,000		
繰越商品	370,000		310,000	370,000			310,000		④
貸　付　金	300,000						300,000		
備　　　品	900,000			180,000			720,000		
買　掛　金		397,000						397,000	
前　受　金		61,000						61,000	
借　入　金		1,400,000						1,400,000	
資　本　金		3,000,000						3,000,000	
繰越利益剰余金		800,000						800,000	
売　　　上		7,800,000				7,800,000			
受取利息		3,000				3,000			
仕　　　入	4,330,000		370,000	310,000	4,390,000				④
給　　　料	1,430,000		110,000		1,540,000				
交　通　費	220,000				220,000				
通　信　費	315,000				315,000				
消耗品費	57,000			8,000	49,000				
支払家賃	940,000				940,000				
水道光熱費	70,000				70,000				
租税公課	21,000				21,000				
支払利息	13,000				13,000				
	13,470,000	13,470,000							
貸倒引当金繰入			21,000		21,000				
減価償却費			180,000		180,000				④
雑　　　益				5,000		5,000			④
消　耗　品			8,000				8,000		④
未払給料				110,000				110,000	④
当期純利益					49,000			49,000	④
			1,004,000	1,004,000	7,808,000	7,808,000	5,842,000	5,842,000	

解　説

決算整理仕訳は以下のようになる。

1．（借)仕　　　　　入　　370,000　　（貸)繰　越　商　品　　370,000
　　（借)繰　越　商　品　　310,000　　（貸)仕　　　　　入　　310,000
2．（借)貸倒引当金繰入　　21,000　　（貸)貸　倒　引　当　金　　21,000
3．（借)減　価　償　却　費　180,000　　（貸)備　　　　　品　　180,000
4．（借)現　金　過　不　足　　5,000　　（貸)雑　　　　　益　　5,000
5．（借)消　　耗　　品　　8,000　　（貸)消　耗　品　費　　8,000
6．（借)給　　　　　料　　110,000　　（貸)未　払　給　料　　110,000

第1問（4点×7箇所＝28点）

	借　　方		貸　　方		
	勘定科目	金額	勘定科目	金額	
1	現　　　　　金	4,000,000	手形借入金	4,000,000	④
2	有価証券	7,230,000	未　払　金	7,230,000	④
3	貸倒損失	460,000	売　掛　金	460,000	④
4	仕　　　　　入 仮払消費税	744,000 74,400	現　　　　　金 買　掛　金	380,000 438,400	④
5	給　　　　　料	717,000	所得税預り金 当座預金	50,000 667,000	④
6	租税公課	74,000	普通預金	74,000	④
7	支払手付金	80,000	現　　　　　金	80,000	④

解　説

1．借用証書の代わりに約束手形を振り出して現金を借り入れた場合には，手形借入金勘定で処理する。

2．証券会社への手数料￥50,000は株式の取得価額に含める。また，有価証券の代金を後日支払う場合には，未払金勘定で処理する。

3．当期に生じた売掛金については，前期の決算日において貸倒引当金を設定していない。したがって，貸し倒れた売掛金￥460,000については，その全額を貸倒損失勘定で処理する。

4．販売価額または仕入価額と消費税額を分けて処理する方法を税抜方式という。A商品￥818,400のうち消費税額が￥74,400なので，消費税額￥74,400については仮払消費税勘定で処理する。

5．所得税の源泉徴収額￥50,000については，所得税預り金勘定で処理する。この問題では「当座預金口座から口座振込で支払った」と指定されているので，当座預金勘定の貸方に￥667,000を記入する。

6．固定資産税￥74,000については，租税公課勘定で処理する。

7．商品を発注したさいの手付金については，支払手付金勘定で処理する。発注しただけなので，まだ商品を仕入れていないことに注意する。

第2問 （4点×3箇所 = 12点）

（ア）	¥	1,610,000 ④	（イ）	¥	14,680,000 ④	（ウ）	¥	10,880,000 ④

解説

（ア）損益計算書の貸方合計金額が¥39,020,000となっていることから，借方合計金額も¥39,020,000となることに注意する（貸借平均の原理）。借方合計金額から費用¥37,410,000を差し引いて，当期純利益を算定する。

¥39,020,000 − ¥37,410,000 = ¥1,610,000

（イ）まず期首貸借対照表から期首純資産（期首資本）を算定する。期首貸借対照表の借方合計金額が¥22,540,000なので，期首の資産も¥22,540,000であることが判明する。その結果，期首純資産（期首資本）は期首の資産¥22,540,000から期首の負債¥9,470,000を差し引いて算定することができる。

¥22,540,000 − ¥9,470,000 = ¥13,070,000

期首純資産（期首資本）¥13,070,000に当期純利益¥1,610,000を加算して，期末純資産（期末資本）を算定する。

¥13,070,000 + ¥1,610,000 = ¥14,680,000

（ウ）期末貸借対照表の貸方合計金額が¥25,560,000であることから，貸方合計金額から期末純資産（期末資本）¥14,680,000を差し引いて，期末の負債を算定する。

¥25,560,000 − ¥14,680,000 = ¥10,880,000

これらの関係を図解すると，以下のようになる。

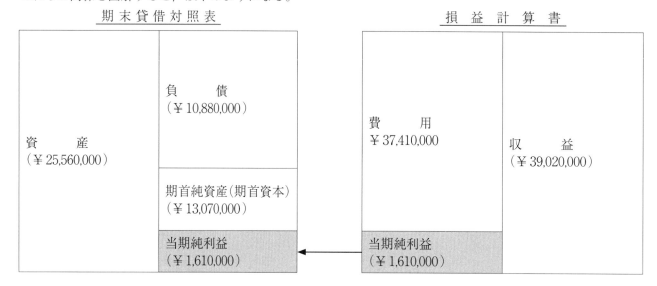

第3問 （4点×3箇所＝12点）

〈4〉
売 掛 金

令和×年	摘 要	丁数	借 方	日付	摘 要	丁数	貸 方	
10 7	前 頁 繰 越	✓	1,348,000	10 15	（ 現 金 ）	入33	[648,000]	④
30	（ 売 上 ）	振92	[840,000]					

〈01-350〉
津 商 店

令和×年	摘 要	丁数	借 方	貸 方	借または貸	残 高	
10 1	前 月 繰 越	✓	848,000		借	848,000	
15	山本集金, 領収書 No.223	入33		[648,000]	〃	[200,000]	④
30	売 り 上 げ	振92	[840,000]		〃	[1,040,000]	④

解 説

10月15日に起票された取引を仕訳にすると，以下のようになる。

(借)現 金 648,000 　(貸)売 掛 金 648,000

したがって，売掛金勘定の貸方に¥648,000を記入するとともに，津商店勘定の貸方にも¥648,000を記入する。前月繰越高は¥848,000なので，津商店勘定の残高は¥200,000(＝¥848,000－¥648,000)となる。

また，10月30日に起票された取引を仕訳にすると，以下のようになる。

(借)売 掛 金 840,000 　(貸)売 上 840,000

したがって，売掛金勘定の借方に¥840,000を記入するとともに，津商店勘定の借方にも¥840,000を記入する。残高欄の金額は，¥200,000に¥840,000を加算して¥1,040,000となる。

第4問 （4点×4箇所＝16点）

商 品 有 高 帳
C 商 品

令和○年		摘 要	受 入			払 出			残 高		
			数量	単価	金 額	数量	単価	金 額	数量	単価	金 額
6	1	前 月 繰 越	200	500	100,000				200	500	100,000
	2	呉 商 店	300	480	144,000				200	500	100,000
									300	480	144,000
	12	福 山 商 店				200	500	100,000			
						200	480	96,000	100	480	48,000
④	16	呉 商 店	200	506	101,200				100	480	48,000
									200	506	101,200
	22	尾 道 商 店				100	480	48,000			
						50	506	25,300	150	506	75,900
	30	次 月 繰 越				150	506	75,900			
			700		345,200	700		345,200			
④ 7	1	前 月 繰 越	150	506	75,900				150	506	75,900

解 説

先入先出法を採用しているので，先に仕入れた商品から払い出していくと仮定して商品有高帳に記入していく。3級商業簿記で出題される商品有高帳の記入方法は先入先出法のみなので，確実に得点できるように記入の練習をしておけば得点源となる。

第5問 （4点×8箇所＝32点）

精　算　表

勘定科目	残高試算表 借方	残高試算表 貸方	修正記入 借方	修正記入 貸方	損益計算書 借方	損益計算書 貸方	貸借対照表 借方	貸借対照表 貸方
現　　　金	1,817,000						1,817,000	
現金過不足	3,800			3,800				
当座預金	989,000						989,000	
売　掛　金	410,000						410,000	
貸倒引当金		3,300		4,900				8,200
繰越商品	275,000		216,000	275,000			216,000 ④	
前　払　金	30,000						30,000	
備　　　品	555,000			55,500			499,500 ④	
買　掛　金		325,000						325,000
借　入　金		400,000						400,000
資　本　金		2,000,000						2,000,000
繰越利益剰余金		560,000						560,000
売　　　上		5,207,500				5,207,500		
受取利息		300,000				300,000		
仕　　　入	3,281,000		275,000	216,000	3,340,000 ④			
給　　　料	600,000				600,000			
広　告　費	120,000		145,000		265,000			
交　通　費	292,000				292,000			
通　信　費	82,000				82,000			
消耗品費	52,000			8,200	43,800			
支払家賃	199,000				199,000			
水道光熱費	81,000				81,000			
支払利息	9,000				9,000			
	8,795,800	8,795,800						
貸倒引当金繰入			4,900		4,900 ④			
減価償却費			55,500		55,500			
雑　　　損			3,800		3,800 ④			
消　耗　品			8,200				8,200 ④	
未払広告費				145,000				145,000 ④
当期純利益					531,500			531,500 ④
			708,400	708,400	5,507,500	5,507,500	3,969,700	3,969,700

解説

決算整理仕訳は以下のようになる。

1．（借）仕　　　　　入　275,000　（貸）繰　越　商　品　275,000
　　（借）繰　越　商　品　216,000　（貸）仕　　　　　入　216,000
2．（借）貸倒引当金繰入　4,900　（貸）貸　倒　引　当　金　4,900
3．（借）減　価　償　却　費　55,500　（貸）備　　　　　品　55,500
4．（借）雑　　　　　損　3,800　（貸）現　金　過　不　足　3,800
5．（借）消　　耗　　品　8,200　（貸）消　耗　品　費　8,200
6．（借）広　　告　　費　145,000　（貸）未　払　広　告　費　145,000

第1問　（4点×7箇所＝28点）

	借　方		貸　方		
	勘 定 科 目	金 　 額	勘 定 科 目	金 　 額	
1	当 　 座 　 預 　 金	10,000,000	資 　 　 本 　 　 金	10,000,000	④
2	普 　 通 　 預 　 金	5,000,250	定 　 期 　 預 　 金 受 　 取 　 利 　 息	5,000,000 250	④
3	仕 　 　 　 　 　 入 仮 　 払 　 消 　 費 　 税	300,000 30,000	買 　 　 掛 　 　 金	330,000	④
4	売 　 　 　 　 　 上	45,000	売 　 　 掛 　 　 金	45,000	④
5	給 　 　 　 　 　 料	400,000	所 得 税 預 り 金 普 　 通 　 預 　 金	33,000 367,000	④
6	損 　 　 　 　 　 益	400,000	繰 越 利 益 剰 余 金	400,000	④
7	貸 　 倒 　 引 　 当 　 金 貸 　 倒 　 損 　 失	40,000 120,000	売 　 　 掛 　 　 金	160,000	④

解　説

1．株式会社の設立においては，発行価額総額（払込金額の総額）を全額資本金として処理するのが原則となる。
2．定期預金が満期となった場合の満期利息額については，受取利息勘定で処理する。
3．販売価額または仕入価額とは別に消費税額を処理する方法を税抜方式という。この取引においては，消費税額は¥30,000であり，仮払消費税勘定で処理する。
4．商品を掛けで売り上げた時点では，以下の仕訳がおこなわれている。
　（借）売　掛　金　900,000　（貸）売　　　　上　900,000
　　　このうち，返品された¥45,000の分だけ反対仕訳をおこなう。
5．「所得税の源泉徴収額」については，所得税預り金勘定で処理する。
6．株式会社においては，当期純損益が発生した場合，損益勘定から繰越利益剰余金勘定に振り替える。一方，個人商店の場合には，以下の仕訳となる（当期純利益を計上したと仮定）。
　（借）損　　　　益　×××　（貸）資　本　金　×××
7．「前期に生じた」売掛金であるため，貸倒引当金の設定がなされている。ただし，引当金の残高を超える分については，貸倒損失勘定で処理することになる。

第2問　（4点×4箇所＝16点）

（ア）	売　上　原　価	¥	19,982,000	④
（イ）	売　上　総　利　益	¥	8,258,000	④
（ウ）	期　首　資　産	¥	51,050,000	④
（エ）	当　期　純　利　益	¥	3,360,000	④

解　説

（ア）・（イ）

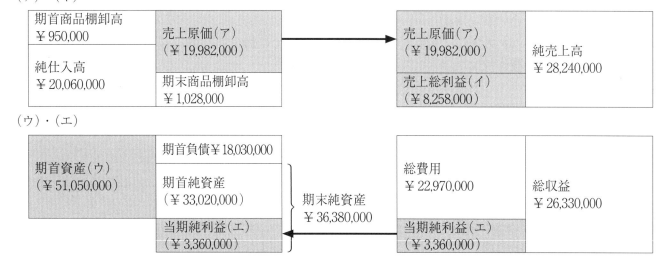

（ウ）・（エ）

第3問　（4点×3箇所＝12点）

現　　金

④　9/9　（**売　掛　金**）〈15〉　［　　190,000 ］　｜　9/15　（**仕　　入**）〈29〉　［　　260,000 ］

売　　掛　　金

　　　　　　　　　　　　　　　　　　　　｜　9/9　（**現　　金**）〈15〉　［　　190,000 ］

備　　　　品

9/27　（**未　払　金**）〈52〉　［　　400,000 ］　｜

未　　払　　金

　　　　　　　　　　　　　　　　　　　　｜　9/27　（**備　　品**）〈52〉　［　　400,000 ］④

仕　　　　入

④　9/15　（**現　　金**）〈29〉　［　　260,000 ］　｜

解　説

・9月9日に起票された取引を仕訳にすると，以下のようになる。

　（借）現　　　金　190,000　（貸）売　掛　金　190,000

　したがって現金勘定の借方に¥190,000　売掛金勘定の貸方に¥190,000を記入する。

・9月15日に起票された取引を仕訳にすると，以下のようになる。

　（借）仕　　　入　260,000　（貸）現　　　金　260,000

　したがって仕入勘定の借方に¥260,000　現金勘定の貸方に¥260,000を記入する。

・9月27日に起票された取引を仕訳にすると，以下のようになる。

　（借）備　　　品　400,000　（貸）未　払　金　400,000

　したがって備品勘定の借方に¥400,000　未払金勘定の貸方に¥400,000を記入する。

第4問 （4点×3箇所＝12点）

小 口 現 金 出 納 帳

受　　入	令○	和年	摘　　要	支　　払	通　信　費	交　通　費	消耗品費	雑　　費	残　　高	
40,000	9	24	前 週 繰 越						40,000	
		25	インクカートリッジ代	8,700			8,700		31,300	④
		26	携帯端末通信料金	7,200	7,200				24,100	
		27	プリンター用紙代	1,900			1,900		22,200	
		28	バスの回数券代	3,400		3,400			18,800	
		〃	接 待 用 お 茶 代	4,300				4,300	14,500	
			合　　　計	25,500	7,200	3,400	10,600	④4,300		
④ 25,500		28	本 日 補 給						40,000	
		〃	次 週 繰 越	40,000						
65,500				65,500						
40,000	10	1	前 週 繰 越						40,000	

解 説

　インクカートリッジ代¥8,700 については消耗品費，携帯端末通信料金¥7,200 については通信費，プリンター用紙代¥1,900 については消耗品費，バスの回数券代¥3,400 については交通費，接待用お茶代¥4,300 については雑費として処理する。ＩＣＴ（情報通信技術）の発達にともなって社会全体で消費数量が増加しつつあるインクカートリッジ代やプリンター用紙代などについては，通常は支出額が多いため，雑費ではなく消耗品費として処理すると考える。

第5問 （4点×8箇所＝32点）

精 算 表

勘定科目	残高試算表 借方	残高試算表 貸方	修正記入 借方	修正記入 貸方	損益計算書 借方	損益計算書 貸方	貸借対照表 借方	貸借対照表 貸方
現　金	1,240,000						1,240,000	
当座預金	1,230,000						1,230,000	
普通預金	1,164,000						1,164,000	
売掛金	920,000						920,000	
貸倒引当金		5,000		4,200				9,200
有価証券	710,000						710,000	
繰越商品	440,000		410,000	440,000			410,000 ④	
貸付金	700,000						700,000	
備品	2,000,000			400,000			1,600,000 ④	
買掛金		445,000						445,000
前受金		78,000						78,000
借入金		900,000						900,000
資本金		5,000,000						5,000,000
繰越利益剰余金		1,030,000						1,030,000
売上		8,429,000				8,429,000		
受取利息		7,000				7,000		
仕入	5,430,000		440,000	410,000	5,460,000 ④			
給料	1,053,000		81,000		1,134,000			
交通費	71,000				71,000			
通信費	119,000				119,000			
消耗品費	74,000			13,000	61,000			
支払家賃	483,000			30,000	453,000			
水道光熱費	82,000				82,000			
租税公課	75,000				75,000			
支払利息	103,000				103,000			
	15,894,000	15,894,000						
貸倒引当金繰入			4,200		4,200 ④			
減価償却費			400,000		400,000			
消耗品			13,000				13,000 ④	
未払給料				81,000				81,000 ④
前払家賃			30,000				30,000 ④	
当期純利益					473,800			473,800 ④
			1,378,200	1,378,200	8,436,000	8,436,000	8,017,000	8,017,000

解説

決算整理仕訳は以下のようになる。

1．（借）仕　入　440,000　（貸）繰越商品　440,000
　（借）繰越商品　410,000　（貸）仕　入　410,000
2．（借）貸倒引当金繰入　4,200　（貸）貸倒引当金　4,200
3．（借）減価償却費　400,000　（貸）備品　400,000
4．（借）消耗品　13,000　（貸）消耗品費　13,000
5．（借）給料　81,000　（貸）未払給料　81,000
6．（借）前払家賃　30,000　（貸）支払家賃　30,000